산과 들에서 만나는 약용식물 이야기

산야초 오솔길

2

송 진 괄

다래헌

산야초 오솔길 2

펴낸날 | 2018. 11. 20.

지은이 |송진괄
펴낸이 |박영호
펴낸곳 |도서출판 **다래헌**
대전광역시 동구 선화로 218-1(정동 39-26)
전화(042)254-2599~8 팩스(042)254-2549
전자우편 daraeheon@naver.com

ISBN 978-89-87122-84-7 03810

값18,000원

‖ 서문 ‖

인간과 인간, 나와 풀꽃들, 생각했던 흔적도 쓰고 싶었다

멀리 봉황정 위로 파란 하늘에 흰 구름이 한가롭다. 정처 없이 떠도는 그 구름을 따라 반생을 돌아보니 참으로 까마득하다. 다섯 살 때 아버지를 여의고 편모슬하에서 형님들의 도움을 받아 힘겹게 대학을 마치고 은행에 입사, 그런대로 순탄한 삶인 줄 알았다. 그러나 내 인생의 1막은 20년 직장 생활을 정리하고 막을 내렸다. IMF 덕분이었다.

시린 가슴을 안고 다시 제 2막을 준비하는 중 뜻밖에도 암이 찾아왔다. 놀란 가슴을 쓸어안고 다시 삶에 매달리며 자연에 의지하게 되었다. 그 덕분에 약용식물에 관심을 가지며 다시 공부를 시작했다. 산과 들을 헤매며 우리 풀과 꽃에 매료되어 사진을 찍고 본초학 책장을 넘겼다. 그 작은 풀이 우리 몸을 키우고 병을 치료하는데 도움이 되고…… 새로운 발견이었다. 그리고 아내의 권유로 글쓰기를 시작했다. 그렇게 바람 같은 마음을 잠재우고 건강도 서서히 회복했다. 그런 지난날이 주마등처럼 지나간다. 묵묵히 지켜보며 마음을 잡아주던 아내의 격려로 열심히 써 내려간 흔적들이 수필이란 이름을 얻었다.

1999년에 《예술세계》로 등단하면서 문학세계에 입문을 했고, 꾸준히 글을 써서 대전시의회지, 금강일보, 디트뉴스 등에 연재를 했다. 그러면서 대학과 평생교육원 등에서 약용식물 강의를 했고, 내 인생의 2막이 열리기 시작했다. 벌써 십 수 년이 되었다. 그 시간들은 참 즐겁고 보람 있었다. 나에게 글과 강의는 신세계였다. 이제 그 작은 열매를 모아 2막을 나름대로 정리해 보았다. 그리고 육십 고개를 넘어 다시 인생 3막을 시작한다.

사람이 사람답게 살기 위해 마땅히 지켜야 도리가 무엇인지 치열하게 고민했던 선조의 문집을 보며 내 삶을 반추하게 되었다. 짧은 인생 길에서 끊임없이 생각하고 사람들과 주고받았던 그 많은 사연들을, 내 선고들은 어떻게 정리하고 가셨을까. 지금의 나는 어디로 어떻게 가고 있는 것일까. 그런 생각을 하는 것이 요즘 내 삶이다.

들판에 흐드러진 이름 모를 잡초들은 꽃과 잎, 줄기, 뿌리 등이 같은 모습인 게 하나도 없다. 그러면서 서로 어우러져 조화롭게 살아가는 모습이 인간세계를 능가하고 있다. 이 작은 풀들과 대화하고 무수히 떠오르는 단상들을 풀꽃에게 하소연하며 써 내려간 글이다. 인간과 인간, 나와 풀꽃들, 그렇게 사고했던 그 흔적마저도, 선고들이 그랬던 것처럼 나도 이렇게 글로 남겨놓고 싶었을 뿐이다.

지금 나는 사랑하는 아내와 자식들과 더없이 행복하다. 내 인생의 보물인 손주들을 머리에 그리며, 하루하루 소중한 시간들을 보듬는다. 짧지 않은 인생행로에서 동고동락하는 형제들도 그저 고맙다. 그동안 지면을 주신 대전시의회, 금강일보, 디트뉴스, 그리고 책이 출판되기까지 많은 도움을 주신 분들께 깊은 감사를 드린다.

2018년 여름 저자 송진팔

차례

겨울에도 푸르른 곰보배추

입춘(立春) 즈음 남부지방 소도시를 방문하여 며칠을 묶은 적이 있다. 아내와 동행하여 나들이를 겸한 외출이었다. 차창 밖으로 지나치는 들녘은 완연한 춘색(春色)이다. 나뭇가지 끝에는 연녹색이 이미 자리를 잡고 물이 오른 듯하다. 지평선 너머로 보이는 지리산 끝자락은 아지랑이가 가물가물하다.

젊은 시절이나 나이를 좀 더 먹은 지금이나 봄을 맞는 춘정(春情)은 다를 바 없다. 아마도 살아 있음의 희열이 아닐까 싶다. 더불어 살아가는 풀과 나무도 따스한 대지 위에 싹을 틔울 것이고, 우리의 삶도 새 희망을 가져보는 계절이 온 것이다. 아내와 모처럼 봄나들이에 서로 들뜬 기분이다.

아침 바람결은 제법 쌀쌀하다. 옷을 가볍게 입기도 애매한 날씨다. 해발이 높은 지역이어선지 매콤한 기온에 옷깃을 여민다. 맑고 깨끗한 하늘은 푸르기가 처연할 정도다. 오염이 안 된 곳에서 바라보는 하늘색은 더 짙다. 저 모습을 보는 것만으로도 이곳에 온 보람이 있다.

바래봉 아래 요새(要塞) 같은 분지를 이루는 마을은 옛날에는 피난처였을 것 같다. 경지정리가 잘 된 논에다 거름을 펴는 농부의 모습이 평화롭다. 논두렁에는 봄나물이 겨우내 잘 있었는지 푸른 잎을 내민다. 그 사이로 곰보배추가 싱싱하게 잎을 펴고 있다. 쪼글쪼글한 이파리가 선뜻 눈에 띈다. 금년의 엄동설한(嚴冬雪寒)을 이겨낸 도도함과 억세고 질긴 모습이 역력하다. 차가운 눈 속에서도 죽지 않고 파릇파릇 무성하게 자라며 겨울을 나는 풀이다.

곰보배추는 차즈기속의 꿀풀과 식물로 두해살이식물이다. 이 풀은 우리나라 전국의 산과 들의 물기가 많은 곳에 자생한다. 잎이 올록볼록하고 뿌리가 배추 비슷해서 곰보배추 또는 문둥이배추로 불린다. 또는 꽃모양이 입을 쩍 벌린 뱀처럼 생겼다하여 배암차즈기라는 이름이 붙여졌다. 어린순은 나물로 먹으며 키는 가슴팍 정도로 자란다. 네모진 줄기는 곧게 서며 잎은 잔털이 있다. 꽃은 5~6월에 연한 보라색으로 피어 가을에 갈색 열매를 맺는다. 식물도감에는 표준이름이 배암차즈기로 기록되어 있는데, 곰보배추로 많이 알려졌다. 또 다른 이름으로 과동청(過冬靑), 설견초(雪見草)라고도 불리는데, 잎을 내어 겨울을 난다고 하여 붙여진 이름이다.

이 풀은 여름에 풀 전체를 베어 햇볕에 말린 후 약재로 쓴다.

조식제님의 기록에 의하면 한방에서는 여지초(荔枝草)라 하여 여름에 전초(全草)를 약재로 쓰는데, 정혈(淨血)·이뇨(利尿) 작용이 있고, 기침을 멎게 하며 가래를 삭이는 효능이 있다고 했다. 한편 자궁출혈·편도선염·치질·위염 등의 치료에 활용되기도 한다고 전한다. 이 풀을 약용할 때에 부작용은 없지만 일부 환자에게서 가벼운 두통, 현기증, 구갈(口渴), 상복부불쾌감 등이 나타날 수 있다고 한다.

민간에서는 기침을 멈추는데 아주 잘 낫는다고 하며, 천연의 항생제로써 감기·폐렴·결핵 등에 쓴다고 한다. 피부 가려움증에 생즙(生汁)을 바르면 효과가 있고, 고질적인 천식(喘息)에 달여 마시면 낫는다고 했다. 또한 생풀을 효소 발효시켜 차(茶)로도 음용한다.

연구소나 학계의 연구 자료에 의하면 곰보배추의 추출물이 항염·항균·보습(保濕) 효과가 있어 기능성 화장품재료의 활용을 검토하고, 항암(抗癌)활성도 나타낸다니 이용도가 꽤나 넓은 풀이다.

선조들이 한방이나 민간에서 곰보배추를 그처럼 활용했던 것은 한겨울에도 푸르게 시들지 않고 견디는 특성을 가진 강인함을 우리 몸에 응용했던 것일 게다. 그러면 더 좋은 약효를 지닐 거라고 믿었던 것이다.

행정리에서 내려다 본 읍내(邑內)의 모습은 봄빛 아래 아늑하다. 여원재를 넘다 차를 세우고 논두렁을 따라 걸으며 봄맞이를 해본다. 논과 밭에서는 온갖 나물들이 기지개를 켜고 올라오고 있다. 겨울을 견디고 싹을 내는 봄나물은 우리의 면역력을 길러

주고 이렇게 건강을 지켜준다. 봄동 비슷한 곰보배추가 봄나물 같지 않게 성숙하다.

남녘의 봄기운은 완연하지만 해발(海拔)이 조금 높은 이곳은 서늘하다. 이미 봄이라지만 아직 섣불리 얇은 옷을 입고 나섰다가는 꽃샘바람에 감기 걸리기 십상이다. 너른 들판이 바둑판처럼 잘 정리되어 깨끗한 집안에 들어선 듯하다. 따스한 봄빛에 산과 밭, 집들이 어우러진 모습은 참으로 정겹다. 이미 살고 간 선인들의 흔적이지만, 이 모든 풍경은 살아있다는 것이 행복임을 느끼게 해 준다. 올해엔 바래봉 철쭉제에 연분홍길 긴 능선을 한번 밟아보마 다짐해 본다.

광대 옷 입은 광대나물

달력이 바뀐 지 벌써 달포 째다. 빠른지 늦은지 그렇게 세월은 물처럼 흘러간다. 시간은 우리의 의식과 상관없이 꾸준하게 어제와 오늘을 이어가고 그 속에서 또 하루를 보내고 있다. 부부로 연을 맺어 이곳을 들락거린 지도 어언 삼십 수 년, 이젠 손주들까지 보았으니 적지 않은 시간과 기억들이 지나는 길과 멀리 산 등성이에 켜켜이 쌓여있다.

폐(廢)고속도로를 따라 처가(妻家)로 가는 길은 지름길이다. 길옆엔 아직 녹지 않은 눈이 쌓여 운전에 신경을 쓰이게 한다. 경사가 심한 산 계곡을 굽이돌아 궁촌재를 넘으면 시야가 탁 트이며 멀리 큰 산봉우리와 큰 냇가가 시원하게 눈에 들어온다. 이렇게 넓은 들과 큰 강이 흐르는 곳이 있었나 싶다. 배산임수(背山

臨水)의 지세(地勢)를 갖춘 이곳 청산(青山)은 이젠 고향 같은 느낌이다. 그리운 사람들은 모두 떠나고 팔순(八旬)을 훌쩍 넘긴 장인만이 빈 공간을 지키고 계시다.

한겨울인데도 국화 화분에 물을 주어 마당이 흥건하다. 물을 많이 탐하는 식물이라 하시며 추운 날씨에도 지극정성이다. 눈을 미쳐 못 치워서 마당 한켠은 눈투성이다. 나머지 눈을 가래로 마저 치워놓고 화단을 보니 눈 속을 뚫고 나온 광대나물이 시퍼런 이파리를 세우고 서 있다.

금년은 유난히도 봄에 피는 풀과 나무들의 꽃이 초겨울에 꽃망울을 달고 서 있는 모습을 많이 본 해였다. 지구가 더워지며 생기는 이상고온 현상의 탓이리라 막연히 생각했다. 눈 속을 뚫고 나온 듯 흰 눈 위에 꼿꼿하게 선 광대나물은 영하의 겨울에도 얼어 죽지 않는다. 잎자루가 없는 이파리가 오밀조밀 붙어 있어서 추위에 강하다고 한다. 아마도 햇볕이 조금만 따뜻해도 꽃을 피울 것이다. 그만큼 생명력이 강한 풀이다.

광대나물은 꿀풀과에 속한 두해살이풀이다. 유라시아 원산인 귀화식물이며, 한대 지역에서 온대 지역까지 세계적으로 널리 분포한다. 한국에서는 전국 각지의 햇빛이 잘 드는 비옥한 땅에서 자란다. 키는 30센티미터 정도로 원줄기는 가늘고 네모지며 밑에서 가지가 많이 생긴다. 잎은 마주나는데 아래쪽 잎은 잎자루가 길고 둥글며, 위쪽 잎은 잎자루가 없고 톱니가 있는 반원형으로 양쪽에서 원줄기를 완전히 둘러싼다. 꽃은 4~5월에 붉은빛이 도는 자주색으로 피며 잎겨드랑이에서 여러 송이가 돌려나듯 모여 나온다. 꽃부리는 윗입술이 앞으로 약간 굽고, 아랫입술이 3

개로 갈라진다. 연한 순은 봄나물로 식용한다.

흔히 보이는 잡초 같지만 광대나물은 봄을 알리는 나물이다. 추우면 땅바닥에 엎드려 견디다가 이른 봄이면 몸을 일으켜 서로 몸을 기대고 군락을 이루어 자란다. 연분홍 꽃을 하늘로 치켜세우고 서 있는 모습은 봄맞이 하는 사람에게 손짓하는 모습이다. 그런 모습과 줄기를 둘러싼 이파리의 모습이 광대들의 복장과 비슷하다 해서 광대나물이라 불렀다고 한다. 한편으로 꽃모양이 코딱지 같다고 하여 시골에서는 코딱지나물이라고도 불렀다.

작고 흔해서 주목을 못 받을지 모르지만 가까이 보면 까슬까슬한 꽃봉오리에 벌을 불러들이기 위한 꽃잎의 생김새는 환상적일 정도도 화려하다. 자색과 흰색, 분홍색이 어우러진 모양과 색깔의 조화를 사람인들 흉내 낼 수 있을까 싶다.

자료에 의하면 이 광대나물도 약용했던 식물이다. 여름에 지상부를 채취하여 말린 것을 보개초(寶蓋草)라 하여 약재로 사용했다. 풍(風)을 없애고 경락(經絡)을 잘 통하게 하며 종기를 삭이고 통증을 없애는 효능이 있다. 또한 뼈와 근육이 아프고 팔다리의 감각이 둔할 때, 타박상 · 골절상과 어혈동통(疼痛)을 낫게 한다.

민간에서는 광대나물이 고유의 독특한 향기와 입맛을 돋우는 봄나물로 인기가 있었다. 또한 여름철 전초를 뜯어다가 말려서 달여 마시면 뼈에 좋다고 했다. 또 지혈 효과가 있어 코피를 막는 데 사용했고, 근육통 · 타박상 치료와 혈액순환 개선에도 이용했다. 그리고 꽃에는 꿀이 많아 밀원식물로 이용하기도 했다.

봄철 밭 가장자리에 빽빽하게 자라는 광대나물은 농사일을 하는 사람에겐 귀찮은 존재다. 이 풀의 생태가 특이한 식물이기 때문이다. 광대나물이 군락을 이루며 많은 개체수로 자라는 데는 별난 꽃가루받이에 있다. 식물은 씨앗을 만들기 위해 벌 등 곤충을 이용한 암술과 수술의 꽃가루받이인 수정이 반드시 필요하다. 그런데 광대나물은 곤충의 활동이 없는 추운 날에도 꽃을 피워서인지 꽃부리가 열리지 않고도 암술과 수술이 성숙해 자화수분(自花受粉)에 의한 열매를 맺는 것이다.

더욱 재미있는 것은 수정이 끝나고 열매가 익으면 개미가 광대나물을 찾는다고 한다. 씨앗에는 향기가 나는 물질이 있어 개미가 이것을 좋아한다. 개미가 그 씨앗을 물고 옮기는 도중에 여러 곳으로 떨어뜨려 그곳에서 광대나물은 다시 싹을 틔우고 군락을 이루며 번져가는 것이다. 개미집 주변에 이 나물이 많은 것도 이런 이유에서라고 한다. 자연과의 어울림이 절묘한 느낌을 준다.

나름대로 추운 겨울을 이겨내는 지혜로 생명을 잇고 자손을 이어가는 풀이 대견하다. 사람에 견주어 하찮은 잡초지만 이 자연에 존재해야 할 이유가 있는 생명이다. 쓸쓸한 화단의 귀퉁이에서 한겨울을 지내고 있으니 우리 식구인 셈이다. 식물도감을 보니 광대나물의 꽃말이 '그리운 봄'이다. 입춘(立春)이 지난 지도 벌써 일주일이다.

노란 브로치 꽃, 괭이눈

금년은 봄비가 유난히 잦다. 평일에도 한두 번, 주말인 토요일에 벌써 3주째 비소식이다. 모처럼 한가한 토요일이라 아내와 등산 계획을 잡아놓았는데, 이른 아침부터 비가 올 듯 말 듯 잔뜩 찌푸린 날씨다. 신발장을 바라보며 갈까 말까 망설이다 집을 나섰다.

버스 종점에서 내려 건널목을 건너는데 가랑비가 부슬부슬 내린다. 우산 쓰고는 등산을 못하랴 싶어 나선 길인데 비 예보는 정확했다. 이럴 때는 기상예보가 잘도 맞는다며 중얼중얼, 그냥 여유 있게 천천히 등산길을 걸어본다. 나뭇가지의 연한 어린잎들이 반 뼘 정도 자랐다. 여린 녹색이 생명의 신비감을 더해준다. 살아서 움직이는 식물의 형태를 보는 듯하다. 먼 산자락엔 벌써 산벚꽃이 꽃을 틔웠다.

구절사로 향하는 이 길은 지금 벌거벗은 나뭇가지 사이로 하늘이 보이지만 여름이면 숲으로 긴 터널을 이루는 곳이다. 길 양옆으로 파릇파릇 온갖 풀들이 키 재기를 하며 자라고 있다. 남산제비꽃은 벌써 꽃을 피워 눈길을 끈다. 군락을 이룬 개별꽃도 꽃잎에 곤지를 찍고 하늘거린다. 그 옆에 현호색이 몸체에 비해 커다란 꽃을 하늘거리며 버티고 있다.

길을 따라 경사면에 꽃인지 분간할 수 없는 노란색이 눈길을 잡는다. 괭이눈이 어색한 몸짓으로 쑥 틈 사이를 비집고 있다. 나도 봐달라며 윙크하는 모습이다. 작은 풀들 사이로 낮게 땅을 딛고 벌써 꽃을 피웠다. 이파리를 방석 삼아 올망졸망한 작은 꽃들을 브로치처럼 달고 있다. 이 작은 꽃송이와 살짝 보이는 안쪽의 수술이 어둠 속에서 빛나는 고양이 눈과 비슷하다하여 괭이눈이라 불렀다고 한다.

괭이눈은 범의귀과에 속하는 여러해살이풀로 계곡의 가장자리나 습한 곳에서 잘 자란다. 키는 10센티미터 안팎으로 곧추서지 않고 옆으로 뻗는다. 잎은 홑잎으로 잎 가장자리에는 톱니가 있다. 불그스레한 어린 줄기에는 잔털이 나 있다. 꽃은 꽃받침이 노란색의 작은 꽃망울로 이른 봄에 핀다. 그 꽃을 중심으로 잎들도 노랗게 변한다. 다갈색의 열매는 삭과(蒴果)로 꽃받침 속에 가득 들어있다. 다른 이름으로 괭이눈풀, 금요자(金腰子), 금전고엽초(金錢苦葉草) 등으로도 불린다.

괭이눈은 봄철에 어린잎을 나물로 먹는데, 한방에서 약재로 쓰인다는 기록은 없다. 자료에 의하면 민간에서 풀 전체에 배농(排

膿), 해독(解毒) 작용과 종기(腫氣)의 염증을 가라앉히는 효능이 있어 약용했다고 한다. 풀 전체를 짓찧어서 환부에 발라 외용하였다.

이 풀은 꽃잎이 없고 대신 꽃받침잎이 꽃잎처럼 달려 있다. 꽃이 아주 작아서 곤충의 눈에 띄기가 쉽지 않다. 그런데 그 밑에 노란 꽃가루를 뒤집어 쓴 것 같은 이파리가 별나다. 꽃받침을 중심으로 짙은 노란색깔의 잎이 점점 밖으로 가며 엷어진다. 아마도 꽃이 너무 작으니 잎도 노란색으로 바꿔 크게 보이기 위한 것이다.

꽃과 잎이 붙어 금분(金粉)을 뿌린 듯 노란 이유는 꽃이 작아 나비와 같은 곤충들이 그냥 지나치는 것을 막기 위한 것이다. 잎을 동원해 큰 꽃처럼 만들어 곤충들을 유혹하고, 꽃가루 수정이 끝나면 잎은 꽃과의 사이를 조금씩 벌리면서 다시 초록색으로 돌아간다. 미물(微物)이지만 종족을 보존시키기 위한 묘책이 경이롭다.

정오에 가까워오자 하늘이 맑게 개이며 나뭇잎 사이사이로 햇살이 들어온다. 하산 길에 만난 개별꽃과 현호색의 군락 사이로 앉은뱅이 자세의 괭이눈이 발걸음을 잡는다. 호젓한 계곡 옆에서 낮은 자세로 있어 자세히 살피지 않으면 보기 어려운 풀이다. 관심이 없는 사람들은 지나치기 십상이지만 우리 고유의 야생화로 꽃보다 아름다운 잎을 가진 풀이다. 뜻밖에 만난 볼 품 없는 풀이지만 흔하게 보이는 풀이 아니어서 반갑다.

저수지 아래 광장에서 풍물소리가 흥겹다. 벚꽃잔치가 벌어진 것이다. 어제만 해도 봉오리만 있던 벚나무가 오후 햇살에 활짝 핀 것이라고 참석자가 전한다. 비 소식에 망설이던 오전과는 영 딴판으로 오후에는 찬란한 꽃 잔치가 벌어졌다. 게다가 풍물까지……. 오길 참 잘했다고 아내는 자화자찬이다. 화려한 춤사위와 어르신들의 흥겨운 유행가 가락이 산자락을 울린다. 온 산판도 사람도 봄기운이 가득하다.

괴불 닮은 괴불주머니

용화사 경내는 갖가지 꽃들이 만발한 잔치마당이다. 봉황정 계곡에 채색된 진달래와 산벚꽃이 병풍의 그림 같다. 살짝 터치한 연록색의 작은 잎들이 수채화 같은 신비감을 더해준다. 겨울을 끄떡없이 지낸 짙푸른 소나무와 쪽빛 하늘이 전체 배경을 마무리 하니 이는 신의 조화다. 자연의 모습은 이렇게 우리의 삶과 정신 영역을 지배한다.

경내로 들어서는 입구의 벚꽃은 이미 낙화유수(落花流水)다. 잔바람에 흩날리는 꽃잎은 눈발이 되어 바닥을 덮는다. 벚꽃은 활짝 핀 모습보다 지는 모습이 더 아름답다고 누가 말했나. 발아래 펼쳐진 작은 꽃잎들을 밟기가 민망하다. 점점이 박힌 하얀 꽃잎은 밤하늘의 은하수를 연상케 한다.

절 입구에 바위 사이로 돌단풍·조팝나무 꽃들이 순백의 모습을 하고 경건한 분위기를 자아낸다. 그 아래에 노란 괴불주머니 꽃이 있는 듯 없는 듯 얼굴을 슬며시 내민다. 개나리꽃 같이 샛노란 모습이면 눈에라도 금방 띠련만 연노랑의 괴불주머니 꽃은 땅 색과 비슷하여 눈에 잘 들어오지 않는다. 두 뼘 남짓 작은 키의 연녹색 줄기 위에 차곡차곡 가지런히 물건을 쌓아 올린 듯한 꽃은 큰 특징이 없다. 우리 주변에 흔히 볼 수 있는 야생화지만 별 관심을 끌지 못 하는 풀이다.

괴불주머니는 현호색과의 두해살이풀로 우리나라 전역에 자생한다. 산에서 흔히 볼 수 있어 산괴불주머니라고 불린다. 속이 빈 줄기는 곧고 가지가 갈라지며 키는 50센티미터 정도다. 현호색(玄胡索)과 같이 둥그런 뿌리가 달리지 않고 땅속으로 곧추 뻗는 뿌리를 지닌 것이 특징이다. 잎은 날개깃처럼 한두 번 갈라진 겹잎이다. 얼음이 녹을 무렵 새싹이 돋아나 일찍 꽃이 피고 꽃 피는 기간도 길어 늦봄까지도 꽃을 볼 수 있다. 4~6월에도 한 개의 꽃줄기에서 여러 송이가 노란색으로 피는 탐스러운 식물이다. 비슷한 종류로 큰괴불주머니, 자주색 꽃을 피우는 자주괴불주머니, 눈괴불주머니, 동글동글한 열매를 맺는 염주괴불주머니 등이 있다. 독(毒) 성분이 있어서 함부로 식용해서는 안 된다.

이 식물은 이름이 참 별스럽다. '괴불'의 사전적(辭典的) 의미는 '색 헝겊을 반듯하지 않게 비뚤어지게 접어서 솜을 넣고 수를 놓은 어린 아이의 노리개'다. 아마도 이 풀의 꽃이 옛날 남녀 아이들의 옷고름에 달았던 그 노리개인 괴불을 닮아서 그렇게 이름을 짓지 않았나 싶다.

자료에 의하면 괴불주머니는 옛날에 어린이가 주머니 끈 끝에 차는 세모꼴의 조그만 노리개인데, 오방색 헝겊을 귀나게 접어서 속에 솜을 도톰하게 넣고 겉에 수를 놓아 한 개로 만들거나 여러 개를 색 끈에 이어 달기도 했다. 이것을 차고 다니면 삼재(三災)를 막아주고 요사스런 귀신을 물리치는 힘이 있다고 여겼다고 한다.

한방에서는 괴불주머니를 황근(黃堇)이라 하여 지상부를 약용하였다. 옴이나 버짐, 종기에 이 풀을 물에 넣고 달여 복용하거나 짓찧어 환부에 바르면 효과가 있었다. 이질·복통에도 내복(內服)하였고, 뱀이나 독충에 물렸을 때 짓찧어 붙였으며, 폐결핵으로 인한 각혈(咯血)을 그치게 하는데 이용하였다. 최근에는 이 풀의 지상부에서 알츠하이머 치료제 성분을 분리 추출하였다는 연구결과가 나왔다고 한다.

민간요법으로는 산모(産母)의 진통이나 경련의 치료제, 이질·복통·타박상 등에 사용했다. 다양한 알칼로이드 성분이 함유되어 있어 생즙(生汁)을 물이나 술에 우려 천연 농약으로도 사용하였다.

괴불주머니는 꽃이 참 특이하다. 마치 종달새가 먹이를 잡기 위해 날렵한 자세로 달려드는 모습이다. 꽃잎이 위아래로 갈라져 있어 부리를 벌린 듯한 모양이다. 아니면 하늘과 지상의 인간을 연결해주는 역할을 하는 신성한 중재자로서 솟대위에 앉아 하늘로 날아오를 것처럼 앉아 있는 새 같기도 하다.

가지런한 꽃모습이 꽃잎 끝에서 뾰족하게 갈라지는데 이 형상에서 우리 선조들은 괴불주머니로 불렀던 같다. 어렸을 적에 동네 큰마당이 삼각형 모양이어서 괴불마당이라고 불렀던 기억이 난다. 우리 고유의 야생화나 각종 식물 이름에 우리의 옛말, 옛것이 고스란히 남아있어 소중하다는 생각이 든다.

바위틈 사이로 듬성듬성 피어있는 괴불주머니는 화려하지도 않다. 꽃 색깔이 노란하다지만 주위 색으로 흡수되어 눈에 잘 띠지도 않는다. 수수한 초록의 이파리에 작달막한 키의 야생화지만 우리 고유의 소중한 약초인 것이다. 아마도 사람들에게 잘 알려지지 않아 관심을 받지 못하는 꽃일게다.

눈을 들어 벚나무를 보니 이파리도 조금씩 내민다. 올해는 꽃 피는 순서가 뒤죽박죽인 것 같다. 이상고온현상 때문인지 예전에 보던 절기와는 헷갈린다. 잦은 야외현장수업으로 금년은 봄맞이 꽃구경은 실컷 한다. 어르신들과 함께하는 현장 생태 학습은 자연 감상을 겸한다. 느지막하게 시작한 약초 강의로 호사를 누린다.

구릿빛 구릿대

친구들과 모처럼 구봉산 자락에서 점심을 먹고, 산책 겸하여 성북동휴양림을 찾았다. 방동고개를 넘으니 잔잔한 저수지 물이 넘실대며 은빛 햇살을 뿜어낸다. 학창시절 비포장도로를 버스로 수 없이 넘나들던 고개는 깎이고 다듬어져 많이 낮아졌다. 자그마한 실개천이 모여 물이 고이고 그 위로 다리가 놓여 큰 방죽이 되더니 이젠 바다 같은 저수지가 된 것이다. 옛날 모습은 내 유년의 기억 속에만 있는 것이다.

빈계산에서 내려오다 가끔씩 들리는 이곳은 각종 음식점들이 즐비해 시내의 식당가가 옮겨온 듯하다. 저수지 안쪽으로 한참을 들어가면 이렇게 넓은 곳이 있었나 싶을 정도로 훤한 동네가 나온다. 마치 계룡산의 정기가 이곳으로 모아진 것 같다. 풍수지리

(風水地理)는 모르지만 산으로 빙 둘러싸여 아늑한 곳이 참 좋아 보인다.

임도(林道)를 따라 죽 들어가니 조성중인 사찰(寺刹) 주차장이 나온다. 구불구불 오르락내리락을 한참 한 후에야 닿은 곳이다. 처음 와 보는 장소다. 계곡이 깊어 하루에 해 뜨는 시간이 얼마 안 될 정도라고 한다. 아직도 잔설(殘雪)이 있고 잦아진 낙엽이 축축하다. 앙상한 나무들만 빽빽하게 서 있고 새소리 하나 없이 을씨년스럽다. 계곡 한가운데 맑은 시냇물만 졸졸거린다.

언덕을 거스르니 때죽나무 가지에 말라비틀어진 꼭두서니 덩굴이 감겨있고 그 위에서 까만 열매가 대롱거린다. 억새가 누런 잎과 줄기를 간직한 채 냇가에서 양 옆으로 도열하듯 우릴 맞는다. 그 옆으로 껑충하게 선 구릿대가 있다. 하얗게 퇴색했지만 굵은 줄기는 왕년에 왕성하게 자라던 모습이 역력하다. 내 키를 훌쩍 넘는 높이에 열매는 흔적도 없고 긴 대궁만 버티고 있다. 줄기를 자르니 속이 비어선지 쉽게 부러진다. 깊은 숲속에서 한 여름 맹렬하게 활동해 꽃을 피우고 열매 맺어 씨앗을 흩뿌린 채 사그라진 삶의 흔적인 셈이다.

구릿대는 미나리과에 속한 여러해살이풀이다. 키는 1~2미터 정도, 산지의 골짜기에서 주로 자란다. 잎은 어긋나고 깃꼴로 많이 갈라지며 가장자리에 고르지 않은 톱니가 있다. 줄기는 굵고 원기둥 모양으로 곧게 서며 적자색을 띠는데 줄기 속이 비어 있다. 꽃은 6~8월경 흰색의 산형(傘形)꽃차례로 줄기 끝에서 피며 타원형의 열매를 맺는다. 어린잎은 나물로 먹는다.

구릿대란 이름은 줄기에 구릿빛이 감돌며 속이 비고 키가 커서 대나무와 비슷해 그렇게 불렀다는데 어쩐지 어색하다. 아마도 그 줄기가 자라는 기간에 비해 굵직하고 잎이 펴질 때 불거진 독특한 형태가 야성적인데서 붙여진 이름이지 싶다.

한의(韓醫)자료에 의하면 구릿대는 가을에 잎이 누렇게 변할 때 채취한 뿌리를 백지(白芷)라 하여 약재로 쓴다. 중추신경을 흥분시켜 혈압을 상승시키고, 각종 세균을 억제하는 약리 작용이 있다. 감기로 인한 두통 · 코막힘 · 콧물이 나오는 증상을 다스리고, 특히 축농증으로 인한 두통에 효과가 좋다. 또 풍한습(風寒濕)이 원인이 되어 생긴 사지마비(四肢痲痺), 안질환(眼疾患), 부인의 대하(帶下)에 효능이 있고, 소염 · 배농(排膿) 작용이 있어 종독(腫毒) · 피부궤양에도 활용된다.

민간요법으로 두드러기에 뿌리와 잎을 채취하여 물에 달인 것을 환부에 바르면 효과가 있다. 머리가 늘 아프고 정신이 맑지 못할 때 뿌리를 달여 먹거나 가루 내어 먹었다. 또한 전통화장품으로 구릿대의 뿌리를 가루 내어 사용하면 얼굴을 곱게 하는 기능이 있었다. 주름살 · 여드름 · 기미를 개선시키고 미백 효과를 낸다.

구릿대는 한 여름 시냇가나 산지의 습한 곳에서 굵은 대궁을 올리고 독특하게 자색 줄기를 내밀고 있다. 그 모습을 보면 의아스럽기까지 하다. 다른 풀에 비해 사람 키 이상으로 커다랗고 왕성한 이파리를 펼치고 서 있어서 금세 눈에 띈다. 특히나 잎을 내밀기 위해 잎 집에 쌓인 울퉁불퉁한 모습은 마치 무슨 열매가 달린 형태다. 그래서 이 풀을 식별하기란 그리 어렵지 않다. 줄기 속이 구멍이 난 형태로 비어 있는데, 그 때문에 다른 이름으로 퉁소대로 불리기도 한다.

산책을 생략하고 자동차로 달려온 길이라 길 막바지까지 올라온 셈이다. 황량한 겨울 골짜기에 벌거벗은 나뭇가지만 열 지어 있고 그 아래 색 바랜 나뭇잎이 수북하게 깔려 있다. 뭐 하나 눈 맞춤할만한 대상이 없다. 차갑지만 간간히 부는 맑은 공기가 좋을 뿐이다. 지금은 퇴색해 삭막하지만 이들은 봄을 기다리며 푸른 꿈을 꾸고, 그런 푸르름의 향연을 땅 속에서 준비하고 있을 것이다.

도랑물의 맑고 졸졸거리는 소리가 정겨워 냇물로 다가갔다가 억새풀 사이에 서 있는 구릿대를 만났다. 억새풀 역시 누런 줄기와 이파리를 가늘게 떨며 찬바람을 맞고 있다. 억새꽃은 다 날리고 줄기만 남은 꽃대를 세우고 있다. 주변의 모든 풀도 그렇고 껑충한 이 풀도 형체가 퇴색해 사그라진 모습이다. 그 아래 얄팍하게 깔린 눈이 겨울 정취를 더해준다.

자연의 순환 법칙이 그러하듯 사람이나 풀이나 계절의 변화에 순응하며 나고 지고를 거듭할 뿐이다. 다만 시간의 사이클이 풀에 비해 인간이 좀 더 길 뿐이다. 엊그제 퇴직을 한 친구의 얼굴에 수심(愁心)이 가득하다. 뭐라 위로해 줄 말이 필요 없을 것 같다. 지금 앞에 보이는 풍경(風景)이 모든 걸 가르쳐주는 스승인 것 같아서다. 임시로 지어놓은 사찰에서 들리는 풍경(風磬) 소리가 은은하다.

엄마가 좋아하는 구절초

마냥 더울 것 같은 여름도 저만치 물러갔다. 해가 남쪽으로 기울며 가을 내음을 풍기나 싶더니 만산홍엽(滿山紅葉)이다. 감나무 잎은 된서리가 내려 단풍도 들기 전에 숨을 거두었다. 그러고 보니 벌써 11월의 문턱을 넘었다. 청초한 구절초 꽃은 이럴 때 더욱 아름다우니 춘풍매화도 부럽지 않다. 찬 가을에 희고 고결한 꽃모습은 어머님의 흰 치마적삼을 보는 듯하다. 길모퉁이에서, 산등성이 외진 곳에서, 아니면 들판의 둔덕에서 흔들거리며 겨울을 맞는 그 하얀 꽃이 너무 아름다워 서럽기도 한 구절초는 가을을 대표하며 우리 어머니들의 아픔을 달래주던 들국화이다.

가을 들녘에서 가녀린 꽃잎의 단아한 모습으로 피어나 정취를 더하는 구절초(九節草)·감국(甘菊)·벌개미취·쑥부쟁이 같은 종류를 망라하여 사람들은 들국화라 부른다. 5월 단오에는 줄기가 다섯 마디가 되고, 음력 9월 9일에는 9마디가 된다하여 구절초(九節草)라 불린다. 또한 그 꽃이 신선보다 더 돋보인다하여 선모초(仙母草)로도 불렸다. 꽃은 하얀색 또는 연한 분홍색이며 9~10월에 피는데, 꽃차례는 줄기 끝에 하나씩 달려서 가지 끝마다 한 개씩 꽃을 피운다. 식물 전체에서 향기가 나서 뜰에 심어도 좋으며 해가 잘 비치고 물이 잘 빠지는 곳에서도 잘 자란다. 특별한 관리를 하지 않아도 잘 자라며 늦가을 내내 꽃과 향을 즐길 수 있는 식물이다. 구절초에는 정유와 플라보노이드, 리나린 등의 성분이 있다고 하나 정확히 밝혀진 것은 아직 없다고 한다.

본초학(本草學)을 보면 구절초는 애엽(艾葉) 즉 쑥의 대용으로 사용하였다고 한다. 쑥은 민간요법에서도 부인병에 많이 사용하는 약재이며 혈액순환에 좋은 약용식물로 많이 이용되었다. 쑥의 따뜻한 약성이 경락을 통하게 하여 효과를 본다고 한다. 또 구절초 꽃잎으로 지짐과 술을 만들어 먹으면 재액을 물리치고 장수한다하여 구절초(九折草)라 부르기도 했다 한다. 그리고 중국 전설에 의하면 팽조(彭祖)는 이 술을 마시고 800세까지 장수하였다 한다.

이처럼 구절초는 예전부터 널리 이용되는 민간약의 하나였던 것이다. 가을에 구절초의 풀 전체를 꽃이 달린 채로 말려 달여서 복용하면 부인병에 보온용(保溫用)으로 탁월한 효과가 있어서 아랫배가 냉한 사람이나 월경 장애, 손발이 찬 사람에게 좋은 약재로 알려져 있다. 딸을 출가시킨 친정어머니들은 9월이 되면 들녘에 피어난 구절초를 채집해 엮어서 그늘에 말려두었다가 해산을 하고 친정에 오면 달여 먹였다고 하는 풀이다. 이밖에도 민간요법으로 건위(健胃)·강장(强壯)·정혈(淨血)·식욕촉진 등으로 애용해 왔다. 또 구절초의 꽃을 따서 말린 후 차(茶)를 만들어 마시면 향기롭고 은은한 가을국화의 맛을 느낄 수 있다.

허준의 《동의보감》에는 "해열작용·해독작용·항균작용이 뛰어나 상처 부위 독소 해소에 좋으며, 속을 따뜻하게 해주어 생리통·불임증·무월경·자궁염증에 좋다."라고 기록되어 있고, 이시진(李時珍)의 《본초강목(本草綱目)》에는 "구절초는 건위·보익·신경통·정혈·식욕부진에 좋다."고 했다.

현재 한방에서도 부인병의 3대 요약(要藥)으로 쑥과 익모초 및 구절초를 지칭하고 있다.

입동(立冬)이 엊그제다. 초동 추위가 어깨를 움츠리게 하는 날씨다. 그래도 아랑곳없이 구절초 향과 청아한 모습은 여전하다. 가을에 피어 겨울을 이어주고 가는 구절초는 어머니의 마음 같다. 그래서 꽃말도 어머니의 사랑, 고상함, 밝음, 순수, 우아한 자태이다. 겨울 입구에서 화려하지 않고 화장기 없는 모습으로 곱게 피어 풀 먹인 흰 앞치마를 두르고 서 있는 내 엄마 같은 꽃. 계절의 끝자락에서 봄·여름·가을의 풍성함을 배웅하고 껍데기만 남은 겨울을 맞아주고 떠나는 꽃. 지난날 우리 어머니의 진한 아픔을 삭혀주던 꽃이 바로 구절초다.

꼭대기의 금불상, 금불초

지난 주말 오후에는 날씨도 좋고 한가하여 자전거를 타고 갑천변을 나갔다. 냇물을 따라 나란히 이어진 자전거 길과 인도(人道)가 정겹다. 많은 시민들이 나름대로 걷기운동도 하고, 가족들과 긴 의자에 앉아 담소하는 광경은 행복한 우리네 모습이다. 이런 공간의 혜택을 누리고 사는 대전(大田) 시민으로서 긍지와 자부심을 느낀다.

유등천을 따라 올라가니 넓은 수면 위로 비친 쪽빛 하늘이 그림처럼 곱다. 잘 관리된 잔디의 푸르름이 피로한 눈을 편하게 해준다. 냇물을 따라 고층 아파트와 건너편의 상업용 빌딩이 줄을 잇는다. 내가 도심 속의 사람임을 새삼 느낀다.

선글라스를 벗고 하늘의 뭉게구름을 다시 본다. 이마로 스치는 뽀송뽀송한 바람이 가을이 왔음을 일러준다. 어디에서 이같이 상쾌한 기분을 느낄 수 있을까. 심호흡을 하며 가슴 속 깊이 밀어 넣는다.

물가에는 왜가리가 긴 목을 내밀고 먹이를 조준하고 있다. 곳곳에 만들어진 화단에 아기자기한 꽃들이 하늘거린다. 망종화가 노란 꽃을 흔들거리고 바로 아래 붉은 토끼풀 꽃이 조화를 이룬다. 냇둑을 따라 가니 이번에는 금계국과 벌노랑이의 노란 꽃이 군락을 이루고 있다. 그야말로 노란색 천지다. 이외에도 그령 · 방동사니 · 사초 · 클로버 · 부처꽃 등 갖가지 야생화가 조화를 이룬다.

이곳에 이렇게 많은 종류의 풀꽃들이 있을 줄 몰랐다. 참 행복한 도시에 산다는 기분이다. 도로와 경계석 사이로 노란 꽃 금불초가 한들거린다. 아직 피지 않은 꽃봉오리는 꽃인지 잎인지 구분이 잘 안 된다. 작은 키에 화려함도 없이 수수한 꽃 색깔은 촌티가 나기도 한다. 꽃 가장자리에 공간을 두고 듬성듬성 박혀 있는 꽃잎이 재미있는 풀이다.

금불초(金佛草)는 국화과에 속하는 여러해살이풀이다. 산과 들의 물기가 많은 곳에서 잘 자란다. 땅속줄기가 옆으로 뻗으면서 새순이 나오는데, 줄기는 곧추서고 키는 30~60센티미터 정도다. 뿌리에서 바로 나오는 잎은 꽃이 필 때쯤이면 없어지며, 줄기에서 나오는 잎은 어긋나고 잎자루가 없으며 잎 끝이 뾰족하고 잎 위에 털이 나 있다. 꽃은 7~9월에 가지 끝에 노랗게 피며 가장자리에 달리는 설상화(舌狀花)가 꽃잎처럼 활짝 벌어진다. 어린순은 나물로 먹기도 한다. 가는잎금불초, 갯금불초, 좁은잎금불초, 버들금불초 등 여러 종류가 있다.

한의 자료에 의하면 금불초는 선복화(旋覆花)라 하여 천식(喘息)을 가라앉히는 약재로 사용한다. 여름에서 가을 사이에 막 피기 시작한 꽃을 채취하여 햇볕에 말린 것이다. 기관지 경련을 완화시켜 거담(祛痰), 이뇨(利尿)의 약리 작용이 있다. 효능으로는 딸꾹질로 속이 메스껍고 구토가 날 때, 배가 더부룩해지는 증상에 효과가 있다. 또 가래를 없애며 기운을 증강시켜 소화력을 높이고, 체내에 수분이 정체되어 몸이 붓는 증상에도 이용된다. 그밖에 기관지 경련성 천식에 효과적이며 간(肝)보호 작용, 백일해(百日咳)에도 쓰인다.

한편 이 약재는 열이 많은 사람의 기침에는 사용하면 안 된다. 또한 대변을 묽게 하기 때문에 설사를 자주 하는 사람도 먹지 말아야 하고, 보약(補藥)이 아니기 때문에 병이 없는 사람은 먹지 않는 것이 좋다고 했다.

민간요법으로는 풀 전체를 달여 마시면 갱년기 증상을 완화시키고, 땀을 잘 나오게 하여 몸의 신진대사를 돕는 효과가 있다. 또한 위산과다와 속쓰림 증상에 좋다고 했다.

이 풀은 이름부터 호기심을 자아낸다. 금불초(金佛草, 金沸草), 선복화(旋覆花, 旋復花). 한자로 꽃 이름의 의미를 유추해 본다. 금불초는 두상화서(頭狀花序)로 줄기나 가지 끝에 노란 꽃을 피우는데 꽃 색깔이 아주 곱고 선명하다. 꽃 가장자리에 꽃잎이 풍차 날개처럼 촘촘히 박혀 있다. 그 가장자리의 꽃잎은 마치 수레바퀴가 돌아가는 모습과 유사하다. 한편 줄기 꼭대기에서 무더기로 피는 샛노란 꽃이 단상 위의 금불상(金佛像)을 연상케 했을지도 모를 일이다. 이렇게 식물의 모양이나 특성을 보고 이름을 지은 선조들의 풀과 나무의 이름 짓기를 엿볼 수 있다. 이 금불초는 《동의보감》이나 《본초강목》에도 기록이 있다 하니 오래 전부터 사람의 주변에서 이용되었던 식물인 것이다.

자전거 페달을 밟으며 돌아오는 길에도 노란 들꽃들이 눈에서 벗어나질 않는다. 냇둑 언덕의 경사면으로 이어지는 갖가지 풀들이 호기심과 여유로움을 동시에 건네준다. 이렇게 맘껏 자라는 야생화와 사람들이 동거하며 어우러짐이 자연의 본 모습이다. 그 공간을 메우는 사람 · 길 · 풀 · 동물 등 하늘과 땅의 조화를 이루는 곳이 바로 극락(極樂)이요, 천국인 것이다.

세 물길이 만나는 지역에서 물길을 거스르며 집으로 향하는데 물가의 풀숲 속에서 새소리가 시끄럽다. 갈대 비슷한 달뿌리풀이 얽히고설켜 새들의 보금자리를 만들어 준 것이다. 이 뿌리가 흙의 유실을 방지하고 물을 정화시키는 역할을 하지만 줄기 속은 새들에게 행복의 둥지인 셈이다.

가을 내음이 물씬 풍기는 주말 오후의 갑천 · 유등천을 따라 즐긴 가벼운 하이킹이 여유롭게 마음을 달래준다. 자전거를 타고 주택가의 고샅고샅을 돌며 여러 사람들이 사는 갖가지 모습을 보는 것도 좋고, 천변을 따라 페달을 밟는 것도 요즘 유행어인 힐링의 한 방법이 아닐까 싶다. 대전천변을 따라 신탄진까지 이어지는 천변길을 달려보면 프랑스의 세느강보다 낫다는 생각이 든다.

가을녘은 사람도 새들도 결실을 맺는 철이다. 가을이 옴은 겨울이 이어 옴을 예고하는 것이다. 올 한 해도 훌쩍 가버리고 정산을 해야 하는 계절이 온 것이다.

까마귀나 먹어라 까마귀밥여름나무

봄비가 촉촉하게 내리는 주말에 친구들과 산행을 강행하기로 했다. 이까짓 가랑비쯤이야 하고 집을 나섰다. 대전 둘레산 잇기의 마지막 코스인 장수봉은 나지막하다. 아직 3월인데 진달래 개나리 복사꽃이 만발하고 조팝나무도 꽃봉오리를 내밀었다. 무릇과 앵초도 비를 맞고 싱싱하게 내민 싹이 손가락만 하다. 괴불나무도 연녹색 이파리를 내밀며 동시에 꽃도 피웠다. 꽃망울에 매달린 물방울이 신비롭다. 이미 여러 생명들이 찬란하게 새 삶을 시작한 것이다. 이래서 봄은 희망의 계절이다.

촉촉하게 젖은 길 위에 깔린 낙엽 때문에 경사가 진 등산로는 미끄럽다. 는개비로 바뀐 봄비는 우산을 쓰기도 안 쓰기도 애매하다. 그래도 친구들과 수다를 떨며 걷는 기분은 상쾌하다. 흐드러진 봄꽃과 파릇한 새싹들이 살아있다는 즐거움을 준다.

운무(雲霧) 사이로 뿌리공원이 흐릿하게 보인다. 작은 봉우리를 중심으로 각 성씨(姓氏)의 역사를 기록한 비석이며 조형물들이 한눈에 내려뵌다. 제법 큰 냇가가 공원을 휘감아 돌며 운치를 더한다. 보(堡)를 막아 흐르는 물소리가 바닷가 파도소리처럼 들린다. 내 자신의 뿌리와 효(孝)를 생각하게 하는 이 공원은 우리의 정서에 딱이다.

장수봉에 있는 작은 정자(亭子)는 깎아지른 절벽 위에 있다. 멀리 보이는 산봉우리와 하늘의 경계선이 희미하게 다가온다. 봄날 가랑비 오는 정자에서 내려뵈는 흐릿한 풍경은 이색적이다. 그곳에서 막걸리 한잔과 형형색색 봄꽃의 어우러짐은 영락없는 별유천지다.

봉우리 언저리의 낮은 언덕에 낮게 펼쳐진 까마귀밥여름나무가 도열해 있다. 군락을 이룬 나뭇가지에 싱싱한 잎과 보일락말락 작은 꽃들이 다글다글 매달려 있다. 이 꽃들이 가을이면 작고 영롱한 빨간 열매가 되어 나뭇가지에 매달린다. 흔치 않은 나무인데 반갑다.

까마귀밥여름나무는 낙엽관목으로 중부 이남의 낮은 산지에서 드물게 자란다. 키는 1미터 정도다. 잎은 어긋나며 3~5갈래로 갈라진다. 겨울철에도 푸른색으로 남아 있는 것이 더러 있다. 꽃은 암수딴그루로 4~5월경에 2년 된 가지의 잎겨드랑이에서 황백색으로 핀다. 씨방은 달걀을 거꾸로 세운 모양으로 열매는 10~11월에 찔레모양으로 붉게 익으며 겨울에도 오랫동안 가지에 매달려 있다. 관상용으로 정원에 많이 심기도 하는 나무로 까마귀밥나무로도 불린다.

가을에 빨갛게 익은 열매는 햇빛이 비치면 반투명하고 영롱한 모습이 아름답다. 그래서 분재용으로도 많이 이용된다. 작은 가지에 다닥다닥 달린 앵두만 한 붉은 알갱이 모양이 먹음직스럽지만 쓴맛이라 사람이 먹기에는 적합하지 않다. 그런데 새들은 잘 먹는다고 한다. 사람은 못 먹는 것이니 까마귀에게나 주라는 뜻으로 '까마귀밥'이라는 이름이 붙었다고 한다. 또 명칭에 들어있는 '여름'이라는 말은 '열매'에 해당하는 우리의 고유어에서 그 어원을 찾을 수 있다. 독특하고 재미있는 이름을 가진 나무다.

한의(韓醫) 자료에 의하면 이 나무의 뿌리와 열매를 약용한다. 뿌리는 부인의 허열(虛熱)을 내리고, 생리불순·생리통에 효과적이다. 열매는 등롱과(燈籠果)라는 생약명으로 열을 내리고 갈증을 없애며 진액(津液)을 촉진시키는 효능이 있다.

민간에서는 예로부터 칠해목(漆解木)이라 하여 옻나무의 알레르기인 옻 독을 푸는 효과가 있어 많이 활용했다고 한다. 옻을 먹거나 옻나무에 스쳐 옻 독이 오른데 나무의 신선한 잎과 줄기를 잘게 썰어 물에 달여 마시면 낫는다. 또는 달인 물을 피부에 바르기도 한다. 증상이 심한 경우에도 부작용이 없이 다른 약재에 비해 치료 기간도 단축되는 탁월한 효능이 있다.

또 다른 자료에 의하면 옻의 독성을 제거하는 방법이나 이를 이용하여 제조한 제품을 연구한 논문이 발표되었고, 독성이 제거된 상태의 옻을 제조할 수 있어 음식이나 요리에 활용할 수 있는 특허가 출원되었다고 한다. 실질적으로 우리 생활에 이용할 수 있는 유익한 나무인 것 같다.

올해는 절기도 빠르고 꽃들도 일찍 피었다고 한다. 부드러운 누이 얼굴 같은 진달래꽃이 길가에서 촉촉한 모습으로 우릴 반긴다. 이상고온 현상인지 모르지만 일찌감치 흐드러진 온갖 꽃들이 잔치를 벌인다. 갖가지 현란한 꽃들에 취해 서성이던 곳에서 뜻밖의 나무를 조우(遭遇)했다. 화려하지도 크지도 않은 나뭇가지에 핀 까마귀밥여름나무 꽃이 더 반갑다. 자세히 들여다보면 오밀조밀한 꽃모습이 꽤 예쁘다.

재작년에 어느 농원에서 얻은 이 나무를 화단에 옮겨 심었다. 올해는 잎 사이로 씨방이 달린 연한 녹색의 꽃을 피웠다. 아주 작은 달걀을 세운 듯 앙증맞은 열매인데, 암수가 딴 그루인 나무로 열매를 제대로 맺을지 궁금하다. 별로 크지도 않고 작달막한 키의 나무가 좁은 우리 집 화단엔 제격이다. 올 가을엔 가지에 촘촘히 박힌 붉은 열매를 볼 수 있길 고대해 본다.

꼭두색 물감, 꼭두서니

아름드리 거목으로 자란 호두나무가 우뚝 서서 집안을 지키고 있다. 그래도 올해는 호두열매가 실한 것을 보니 해거리는 아닌가 싶다. 그 옆으로 몇 십 년은 족히 되는 오갈피나무가 성근 잎을 나부끼고 있다. 이어서 감나무, 두릅나무, 참죽나무가 담벼락에 기대어 보초를 서고 있다. 그 아래 죽 펼쳐진 머위나물이 우산을 편 듯 분위기를 맞추고 있다. 땅이 기름져서 해마다 무성하게 자라는 나물이다. 호두나무 아래, 남새밭에 잡초라도 뽑아주려고 눈길을 주니 꼭두서니가 무리 지어 있다.

그동안 안 보이던 풀이 군락을 지어 무성하게 뿌리를 내렸다. 덩굴처럼 자라는 풀인데 한꺼번에 올라오니 반듯하게 크는 풀처럼 보인다. 네모난 줄기에 밑으로 난 잔 가시 때문에 어느 나무에 걸쳐도 잘 오를 수 있는 풀이다. 긴 줄기를 따라 일정한 간격으로 네 잎이 똑같이 돌아가며 나 있다. 그 모습이 참 재미있다. 까칠하고 꺼끌꺼끌한 줄기를 잡으면 손에 착 붙는다. 마치 뽑지 말아달라고 두 손을 잡는 것처럼. 곡괭이로 뽑아 올리니 가느다란 실뿌리들이 얼기설기 뭉쳐 나온다. 붉고 노란 잔뿌리가 실타래처럼 엉키어 붙어 있다.

이 식물은 이름도 생소하다. 자료에 의하면 '꼭두색'을 물들이는 풀이라 해서 꼭두서니라고 한다. 지금은 '빨간색'이라고 하지만 옛날에는 '꼭두색'이라는 표현을 한 것 같다. 이 뿌리를 붉은색 염료로 이용했던 것이다. 지금은 화학물감에 밀려서 거의 쓰지 않지만, 옛날엔 꼭두서니는 잇꽃과 함께 빨간색 물감의 천연원료로 사용했다. 속명(屬名)이 '붉다'는 뜻을 가지고 있는 'Rubia'인 것을 보면 붉은색 염료와 무관하지 않은 듯하다.

프랑스의 곤충학자 파브르도 꼭두서니로 염색하는 것을 연구했다고 한다. 요즘 언론에서 황토·쪽 등을 이용하여 옷을 물들이는 체험에 대해 간간이 방영되고 있는데, 꼭두서니로 옷·손수건 등을 물들이면서 식물과 우리 생활과의 교감을 생각하며 한 번쯤 관심을 가져보는 것도 좋을 듯하다. 작은 풀 하나가 참 많은 것을 생각하고 느끼게 한다.

꼭두서니는 다년생 덩굴성 식물로 길이가 1미터에 달하고, 줄기에 밑을 향한 짧은 가시가 있어 옷에 잘 달라붙는다. 잎은 줄기에 4개씩 돌려나며 잎자루가 길다. 꽃은 연한 황색으로 6~7월에 가지 끝에 좁쌀만 한 크기로 피기 때문에 눈을 크게 뜨고 살피지 않으면 보기 어렵다. 8월이 되면 흑진주 같이 검은 동그란 열매가 두 개씩 달리는 데, 두 개의 크기가 다르고 꼭 짝궁뎅이처럼 앙증맞다. 뿌리는 수염뿌리처럼 가늘고 길며 붉은색이 도는 노란색이다. 봄에 어린 순을 따서 삶아 나물로 먹었다. 다른 이름으로 가삼자리, 갈퀴잎, 신경초 등이 있다. 주로 숲속의 낮은 나무에 달라붙어 무리 지어 자란다.

가을에 뿌리를 캐서 햇볕에 말린 것을 천초근(茜草根)이라고 하는 데, 한방에서 약재로 사용한다. 약성이 차고 써서 지혈(止血)이나 어혈(瘀血)제거에 효과가 있으며, 강장 · 정혈 · 통경 · 해열 등에 쓰인다. 민간요법으로 신경통약에 널리 쓰였고, 신장과 방광의 결석을 녹이는데 효과가 있다고 알려져 있다.

그런데 한의(韓醫) 자료에 의하면 이 꼭두서니는 약효(藥效)가 약하기 때문에 활용도가 그리 높지 않은 약재로 되어 있다. 그리고 최근에는 뿌리에서 추출된 색소가 발암성이 있다는 연구 보고가 일본(日本)에서 제기되었다고 하며, 우리나라 식약청에서도 꼭두서니 색소를 식품(食品) 첨가물에서 지정 취소했다 하니 함부로 접근하는 것은 삼가야 할 식물이다. 그렇지만 천연염료를 추출해 염색하는 방법까지 특허가 나 있는 유용한 식물이기도 하다.

커다란 나무 밑에 온갖 풀들이 빼곡하다. 생존경쟁이 치열하다 보니 이파리도 무성하다. 뿌리도 튼실하게 뭉쳐 다른 풀의 접근을 허용치 않는 것 같다. 그렇지만 이름도 알 듯 말 듯 화려한 꽃도 아닌 평범한 잡초로 보일 뿐이다. 뜯어내면 자꾸 몸에 달라붙어 귀찮게 하는 이상한 풀, 그래도 예전에는 유용했던 약용식물이다.

무더위가 유난히도 극성인 여름이다. 아흐레나 연이어 폭염속이라니 지친다. 그래도 호두나무에선 매미소리가 요란하다. 햇살이 바로 퍼진 아침인데도 풀 위로 열기가 확확 올라온다. 열무 이랑을 침범한 잡초를 뽑으려다 꼭두서니를 만났다. 우리 주변의 하찮은 잡초라도 그냥 두지 않고 귀한 약재나 식용으로 썼던 조상들의 지혜를 느낀다. 장갑에 달라붙는 꼭두서니가 귀찮지만 나물과 약초로 애용했던 소중한 풀이다. 구름 한 점 없는 하늘이 시리도록 푸르다. 쏟아지는 하얀 햇살이 오늘도 더위와 한판 전쟁을 치를 것 같다.

피안의 안내자 꽃무릇

오늘 야외 현장학습 장소는 초등학교 시절에 산림녹화사업을 위해 풀씨를 따러 다니곤 했던 곳이다. 그래서 나는 이 지역을 잘 안다. 산에 갈 때면 무서워서 외면했던 곳이기도 하다. 그곳에 가면 인골(人骨)이 나오고 귀신이 출몰한다는 흉흉한 이야기가 전해오던 곳이었다. 그래서 친구들도 그곳이라면 모두 피하고 차라리 더 험한 산을 오르던 기억이 생생하다. 보자기를 허리에 두르고 손이 아리도록 싸리나무 씨앗을 훑던 초등학교 어린 시절이 꿈같다. 그런 생각을 하며 야외 현장 수업을 그곳 산내의 골령골로 가기로 했다.

지금은 동서(東西)를 가로지르는 계곡 사이로 터널이 생겨 가끔씩 지나는 골령골은 불과 60여 년 전 한국전쟁 당시 사람들이

처참하게 죽임을 당한 곳이다. 수백 수천의 사람들이 희생되어서 지금도 유해(遺骸)가 드러나 수습을 하곤 한다. 그런 선입견 때문인지 이곳을 지날 때면 왠지 모르게 으스스한 느낌이 든다.

위령비 근처에 차를 세우고 임도(林道)를 따라 걷기로 했다. 잘 닦여 정리된 길에 숲이 우거져 햇빛을 가리니 더없이 좋다. 계곡이 깊어 해도 짧을 것 같다. 한낮인데도 나무에 해가 가리니 으스스하다. 공기도 상쾌하고 이대로라면 자연치유 효과도 있을 것 같다. 그래서 지금은 시민들이 등산길이나 산책로로 많이 찾는 곳이 되었다.

지난날 격랑의 소용돌이 속에서 생사의 갈림길이었던 골령골이 시민들의 휴식처로 활용되니 격세지감(隔世之感)이 든다. 시절을 잘못 만나 당시의 현장에서 뜻하지 않게 생을 마감했을 영혼을 생각하면 마음이 편칠 않다.

을씨년스러울 것 같은 기분으로 왔지만 잘 조성된 숲과 길가의 다듬어진 풀, 걷기에 편하게 잘 닦여진 길은 스산한 마음을 단방에 날린다. 간간히 드러나는 야생화며 길까지 굴러온 상수리나 도토리가 발목을 잡는다. 대로변 입구에 피어 있는 꽃무릇이 환한 빛깔로 금세 눈에 들어오고, 밭 가장자리엔 호장근(虎杖根) 잎이 갈색을 띠며 도열해서 우리를 맞이한다.

호장근 줄기에 선명한 붉은 핏자국 무늬도 선입감을 자극한다. 그 옆에 긴 대궁을 올리고 붉게 핀 꽃무릇도 다시 마음을 긴장하게 한다. 무슨 연관이야 있으랴마는 이곳에서 핀 붉은 색깔의 의미는 참변을 당한 영가(靈駕)들의 마음은 아닐까 상상해 본다. 골령골이란 이름마저도 부르는 이들의 느낌을 자극하는 곳이다.

그런 곳에서 고운 빛깔을 뽐내는 자태는 어딘지 처연하기까지 하다. 꽃무릇하면 고창의 선운사(禪雲寺)가 생각이 나지만 지금은 우리 지역에서도 흔하게 볼 수 있는 꽃이다. 가을녘이면 피를 토하듯 새빨간 꽃을 피우는데, 신기하게도 잎이 자취를 감춘 후에 꽃대가 올라와 꽃을 피운다.

꽃무릇은 수선화과의 여러해살이풀이다. 산기슭이나 습한 땅에서 무리지어 자란다. 키는 50센티미터 정도이고, 10월경에 싹을 내어 겨울을 나고 이듬해 시들어 없어지면 꽃대를 내어 붉게 꽃을 피운다. 열매는 맺지 못하며 뿌리인 비늘줄기로 번식을 한다. 수선화과의 상사화(相思花)도 잎이 지고 나서야 꽃대가 나와 꽃을 피우는 특성이 같지만 서로 다른 식물이다.

꽃무릇은 꽃이 화려하지만 둥근 알뿌리에 독성이 있다. 한의 자료에 의하면 잎이 질 때쯤 캔 뿌리의 비늘줄기(鱗莖)를 약재로 쓴다. 진통(鎭痛)과 혈압 · 혈당(血糖)을 내리는 약리성이 있는데, 인후 또는 편도선이 붓는 증상과 종기, 악창에 내복(內服) 또는 외용(外用)하면 효과가 있다. 복막염에 최토제(催吐劑)로 활용하고, 치루(痔漏)에 물을 넣고 달여 환부를 세척한다. 독성이 강해 과량(過量) 복용하면 구토를 일으키므로 전문가의 처방으로 활용해야 한다.

민간요법으로는 꽃무릇의 신선한 비늘줄기(알뿌리)를 잘 으깨어 창호지 같은 종이에 펼쳐서 종기나 백선(白癬) 같은 피부병에 바르면 잘 나았다. 그러나 독성이 강하므로 민간에서 사용하기는 위험하다.

몇 해 전에 찾은 선운사 골짜기는 꽃무릇 천지였다. 숲 아래에 펼쳐진 붉은 꽃무릇 밭은 어떻게 형언할 수 없는 모습이었다. 불교계(佛教界)에서 상상의 세계로 통하는 관문(關門)인가라는 착각이 들 정도였다. 그날 소나무 숲에서 붉은 꽃잎 위로 쏟아지는 빛줄기는 신비감을 더해주었다. 일정한 키의 꽃대 위에 그려진 꽃모습이 아름답기보다는 보는 이로 하여금 피안(彼岸)의 세계로 인도하는 듯한 착각을 불러일으킬 정도로 기묘했던 기분이 지금도 생생하다. 선홍색으로 피는 꽃과 밖으로 뻗은 수술의 특이한 모양이 그렇게 상상력을 불러일으키는 독특한 풀인 것 같다.

초가을 신선한 바람이 숲 사이로 전해 온다. 천천히 걸으며 각자의 감상에 젖는다. 내 강좌는 이것이 최선의 방법이자 목표인지도 모른다. 어둑하고 음습해 으스스한 느낌도 든다. 이렇게 멋진 산책로가 아직은 잘 알려진 곳이 아닌 것도 신기하다. 가끔씩 등산을 위해 지나는 곳으로 식장산과 정기봉으로 통하는 등산로다.

지나는 이 별로 없는 이런 길을 혼자서 걷는 것도 요즘 유행하는 치유(治癒)의 한 방법일 것도 같다. 수강생들과 꽃무릇 이야기도 나누며 약성을 알려주는 내 강의도 좋지만 유유자적(悠悠自適)하며 산 · 숲 · 나무 · 풀과 마주하는 것 자체만으로도 행복하다고들 한다. 바람에 사각거리는 나뭇잎 소리도 경쾌하다. 이름 모를 산새소리도 귀를 시원하게 해 준다. 으스스한 골령골의 전설 같은 꽃무릇 속으로 잦아든다.

꿀이 많은 꿀풀

대청호수가 내려뵈는 이곳 능선 길은 아늑하고 포근하다. 시원한 물색과 주변의 풍경은 한 폭의 그림이다. 외국에 있는 친구는 이 모습을 보고 그냥 쳐다보면 눈물이 난다고 했다. 웅장하지도 않고 화려하지도 않은 소박한 우리 산천의 본 모습이다. 한자리에서 사철 다른 모습을 보여주는 이곳은 어느 풍경 부럽지 않다. 집 가까이에 이런 풍치를 즐기며 사는 나는 행복한 사람이다.

나무 그늘은 시원하지만 관목(灌木)을 지나노라면 후끈후끈한 열기가 얼굴을 스친다. 한여름에 들어서니 한낮의 기온이 온몸에 느껴진다. 나뭇잎도 무성하여 검푸르다. 껑충하게 올라온 엉겅퀴의 진한 보라색 꽃 위에 호랑나비가 나풀거린다. 무덤 없는 비석은 여전히 제자리다. 이름 석 자만이 새겨 있는 비석은 항시 궁금증을 던져준다.

석성(石城)을 한참 지나면 시야가 확 트이는 자리에 묏등이 있다. 무덤 가장자리에 시들은 꿀풀이 옹기종기 모여 호수를 내려다보고 있다. 이 꽃은 왜 이렇게 산소 주변에 많이 있는지 모를 일이다. 꽃잎은 떨어졌고 원줄기와 꽃대궁은 누렇게 변해 사색(死色)이 완연하다. 초여름 꽃이 핀 후, 하지(夏至)가 지나면 말라 죽는 운명을 타고난 풀이다. 그래서 옛사람들은 꿀풀을 하고초(夏枯草)라 이름 짓기도 했다. 몇 개의 꽃대만이 보라색 꽃망울을 달랑 달고 마지막 고운 빛을 아쉬워하는 듯 흔들거리고 있다. 하지(夏至) 지난 지 한 달이 넘었으니 꿀풀도 한 세월을 고할 시기가 된 것이다.

길가나 산자락을 오가다 누구나 한번쯤은 보았을 풀이다. 초여름부터 보랏빛으로 아름다운 꽃을 피워 눈에 잘 띄는 꽃이다. 유난히 꿀이 많아 꿀풀이라고 했다. 밀원(蜜源)식물로 양봉농가에 큰 도움이 되는 고마운 식물이기도 하며, 꿀풀의 다른 이름이 꿀방망이다. 초여름 꽃이 필 때 그 꽃을 따서 입에 물고 빨면 꿀물이 나와 길가에 핀 꿀풀은 어린 아이들의 손에 수난을 당하곤 했다.

꿀풀은 전국의 산과 들에서 흔히 볼 수 있는 꿀풀과의 여러해살이풀이다. 높이는 20~30센티미터 정도 자라며, 원줄기는 네모지고 하얀 털이 나 있다. 잎은 마주나는데 가장자리는 밋밋하거나 둔한 톱니가 있다. 꽃은 5~7월에 피고 붉은 보라색 또는 하얀 색의 통꽃이며, 방망이처럼 생긴 꽃차례에 빽빽이 달려 있다. 흰 꿀풀은 종이 귀해 보기가 힘들다. 봄에 어린순을 캐서 나물로 먹기도 하며, 화단에 관상초로 많이 심었다. 하고초라는 이름 외에 내동초(乃東草)·제비꿀풀·봉두초(棒頭草)·가직골나무·두메꿀풀 등으로도 불렀다.

전통요법에 의하면 쓴맛이 나는 꿀풀의 줄기와 잎은 만성적인 종기나 자궁병(子宮病) 또는 눈병에 효과가 컸다고 한다. 민간에서는 꽃이 절반정도 말랐을 때 풀 전체를 잘라서 약으로 썼는데, 목 부분에 생기는 임파선과 갑상선, 이뇨·소염·고혈압·현기증에 효과가 좋았다고 한다. 한방에서는 꿀풀 전체를 하고초(夏枯草)라는 생약명으로 약용하며, 강압(降壓) 작용, 각종 세균 억제 작용, 이뇨 작용 등에 이용한다. 꽃이 필 무렵 식물 전체 또는 꽃차례만을 채취하여 그늘에서 말려 달여 먹는다.

삼이는 육, 육륙이 삽십육, 꿀풀은 구구단을 안다
한 포기에 꽃 세 개
한 층에 두 포씩
한 줄기에 여섯 층
초등학교 삼학년 논밭길을 걸으며
보라색 꽃방망이를 휘둘렀다
꽃 한 개 쪽 빨고
삼이는 육
또 한 개 쪽 빨고 삼이는 육
육륙이 삼십육
젊어도 늙은 지금
달콤하던 꿀풀을 아직도 못잊어…….

김종태 시인의 〈꿀풀〉이란 제목의 시 구절이다. 현대화, 산업화의 물결에 밀려 잃어버리고 잊혀진 우리의 토속적인 것에 깊은 애정을 갖고 쓴 시인의 노래다. 산과 들에서 소리 없이 피었다가 스러지는 잡초에서 우리의 참모습을 찾아 노래한 시인의 감성이 가슴에 닿는다.

이 시인은 '어느 한 사람, 삶이 외롭거나 지치거나 힘들 때 우리의 산하(山河)를 다니며 우리의 풀꽃들을 보라. 바로 거기에서 우리의 살아 온 모습을 볼 수 있으며 살아가야 할 존재 이유를 알 수 있을 것이다.'라고 했다.

수 년 전 경남 산청(山淸)의 약초축제를 구경하던 여행길에 함양의 꿀풀 축제를 다녀온 적이 있다. 들녘에 만발하던 자색(紫色)의 향연이 아직도 생생하다. 신비한 느낌을 자아내는 보랏빛 색깔이 지천에 이렇게 깔려 있을 줄이야. 그곳 사람들이 야생화인 꿀풀 축제를 통해 삶을 확인하고 즐기며 사는 모습이 그렇게 부러울 수가 없었다.

계족산의 여름이 무르익는다. 무성하게 자란 풀숲에서 자색 꽃이파리가 눈에 띈다. 누군지 모를 유택(幽宅) 모서리에 시들은 꽃대를 지탱하고 서 있는 꿀풀이 오가는 이를 맞는다. 멀리 대청호반 끝자락에 쪽빛 하늘이 맞닿아 있다.

누린내 나는 누리장나무

가을인가 싶었는데 길바닥에 낙엽이 수북하다. 가을이 깊어졌다. 도시에서 뺑뺑거리며 살다 보니 계절의 변화에 무디다. 오가며 지나치는 가로수는 항상 그 자리에 그렇게 서 있으니 별 느낌이 없다. 신호 대기 중에나 고운 단풍이 보이니 삭막한 도시의 생활에 자신도 모르게 젖어든 셈이다. 회색빛 도로와 건물들을 오가며 무덤덤한 일상의 모습에서 사는 게 무언지 싶다. 이렇게 또 한 해가 지나가고 있다.

터덜터덜 이웃 아파트를 지나치는데 화단에 붉은 꽃받침에 진주모양의 열매가 눈에 띈다. 누리장나무다. 이 나무가 그동안 안 보였는데 잎이 진 뒤에 열매를 보고 알았으니 내가 관심이 없었던 탓이다. 집을 가려면 이 아파트 마당을 가로지르는데 이제야 그곳에 이 나무가 있는 줄 알았다. 자세히 보니 대추나무, 감나무와 납작 엎드린 주목 사이로 어정쩡하게 서 있다. 아파트 사이의 조그만 땅을 비집고 서 있는 누리장나무가 오히려 안쓰럽다.

어떤 이는 누리장나무를 보고 몇 번을 놀란다고 한다. 꽃을 보고 그 아름다움에 놀라고, 나무에서 풍기는 고약한 냄새 때문에 놀라며, 가을에 매달린 열매의 신비로움에 놀란다고 한다. 이렇게 아름다운 나무를 관상용으로 심어서 주민의 마음을 보듬고자 헤아려 준 관리인에게 고마운 생각이 든다. 많은 사람들이 모여 살아도 서로들 모른 채 지나치듯이 나무도 무관심하게 지나쳤던 것이다. 이파리에서 누린내가 나서 누리장나무라는 이름이 붙여진 나무다. '독특한 이 나무를 아는 사람이 몇이나 될까?'라는 생각이 든다.

누리장나무는 낙엽 관목(灌木)으로 키는 5미터 정도 자란다. 잎은 마주나며 삼각형의 난형(卵形)이다. 잎 뒤에 있는 희미한 선점(腺點)에서 냄새가 난다. 꽃봉오리가 터질 즈음이면 꽃받침이 분홍빛을 띤다. 꽃은 7~8월경 가지 끝의 잎겨드랑이에 흰색으로 핀다. 열매는 붉은색으로 변한 꽃받침 위에 짙은 남색으로 달린다. 나무의 어린 순은 나물로 먹기도 한다. 오동잎을 닮은 잎에서 고약한 냄새가 나기 때문에 취오동(臭梧桐) · 누룬나무 · 구린내나무라고도 부른다.

이 나무는 꽃차례도 예쁘지만 전체적인 암술과 수술의 생김새도 특이하다. 꽃의 암술이 길게 뻗어 나와 아래로 숙이면 수술이 꽃밥을 위로 향해 솟는다. 이는 수술의 꽃가루를 곤충의 몸에는 묻게 하지만 자신의 암술머리에는 묻지 않게 하려는 것이다. 아예 수꽃이 필 때는 암술머리를 닫아 버리고 수꽃이 지고 난 다음에야 다른 나무의 꽃가루를 받아들인다고 한다. 자가수정(自家受精)을 막아 건강한 후손을 이어가려는 누리장나무의 전략이다. 자연의 오묘한 섭리에 감탄스러울 뿐이다.

이 나무는 꽃이 피기 전후에 어린가지와 잎을 채취하여 말린 것을 약재로 쓴다. 취오동(臭梧桐)이라는 생약명으로 저리고 아픈 증상을 낫게 해주는 약물로 사용한다. 한방 자료에 의하면 혈압(血壓)을 내리고 진통(鎭痛), 소염(消炎) 등의 약리 작용이 있어서, 고혈압이나 두통, 어지럼증에 효과를 나타내고 또한 관절염이나 사지마비(四肢痲痺)로 아픈 통증을 풀어 준다. 그리고 피부의 습진이나 가려움증에도 효과가 있다.

민간요법에서는 잎 · 꽃 · 줄기 · 뿌리 · 열매를 모두 약으로 썼다고 한다. 잎은 상처가 덧나서 고름이 나오는 데 생즙을 내어 바르고, 꽃은 두통 이질에 달여서 복용하고, 열매는 풍습(風濕)을 없애고 기침을 멈추게 했다. 뿌리는 혈액순환을 좋게 하여 근육의 마비를 풀어주고 염증을 없애는 등의 효과가 있어 이용했다.

냄새가 불쾌하여 가까이하기는 별로지만 예전부터 사람에게 널리 쓰인 약재였다. 또한 옛 사람들은 이 냄새를 이용하여 생활에도 이용했다고 한다. 이 나뭇잎을 따다가 파리나 모기가 많이 모이는 곳에 두면 해충이 그 냄새 때문에 도망간다고 한다. 누리장나무의 독특한 냄새를 이용하여 천연방충제로 활용했던 것이다.

봄에는 우윳빛을 머금은 연분홍꽃. 그래선지 이 나무에는 제비나비와 호랑나비가 많이 모인다고 한다. 한여름 내내 꽃을 볼 수 있고 가을이 다 가도록 멋진 열매의 감상이 가능하여 최근 조경수로 많이 이용하는 나무다. 늦은 계절까지 진분홍의 꽃받침 위에 앙증맞게 올라앉은 흑진주 모양의 열매는 신비감을 자아낸다. 입동(立冬)이 한참 지난 겨울 초입에 화사한 꽃모양의 열매를 감상할 수 있음은 이 나무만의 매력이다.

다시 겨울로 들어선다. 된서리가 내리더니 물웅덩이에는 살얼음이 깔려 있다. 바람에 부대껴 이리저리 휘날린 나뭇잎이 담장 아래 수북하다. 집 앞의 앙상한 나무에는 새들도 어디로 가버렸다. 이파리 무성한 나무 위에서 여름내 지저귀던 참새들이 궁금하다. 사람들도 나무도 새들도 이 겨울을 움츠리고 잘 보낼 것이다. 자연은 곧 삶의 지혜를 일러주는 스승이다.

염증 치료제 느릅나무

아침에 일어나니 눈이 제법 내렸다. 대문 앞 차가 눈을 온통 뒤집어쓴 채로 웅크린 모습이다. 나를 무심하다고 나무라는 듯하다. 눈가래로 일단 길을 내놓고 차의 눈을 치워야겠다. 단독주택의 주인은 대문 앞의 미끄럼사고에 대비해야 할 의무가 있다. 운동화를 반쯤 덮는 양의 눈인데도 꽤 많이 온 느낌이다. 그늘진 골목길이라서 집 앞의 눈을 치우지 않으면 겨우내 빙판길이다. 이웃과 함께 하니 눈 치우기가 한결 수월하다.

학교에 서류를 제출할 마지막 날이라 외출은 불가피하다. 진작 서둘렀으면 괜찮은데 게으름을 피운 탓에 오늘 같은 날을 만났다. 아직도 서해안은 대설주의보가 발효 중이라니 걱정이다. 큰길가를 나가보니 빙판길에 차들이 설설 기고 시내버스도 만원이라 정류장을 지나친다. 버스정류장에서 기다리는 사람들은 안절부절이다. 오후의 일정 때문에 아무래도 차를 몰고 나서야 할 판인데 걱정이다.

학교 정문을 들어서니 눈길이 하얗게 포장을 한 듯하다. 자동차 바퀴자국도 없고 사람 발자국도 몇 안 된다. 텅 빈 캠퍼스는 적막강산이다. 활기찬 젊음들이 방학을 맞아 떠난 후 학교는 고즈넉하니 절간 같다. 사무실 창 너머로 벌거벗은 느릅나무가 잘잘한 씨앗을 달고 바람에 시달리고 서 있다. 백 원짜리 동전만한 동그란 씨앗들이 가지마다 빼곡히 달려 철봉을 하는 듯하다. 바람에 떨어지지 않으려 몸부림을 친다. 여름에는 시원한 그늘을 드리워주고 젊음을 상징하는 느릅나무는 본관 앞뒤로 나란히 심어져 있다.

이 느릅나무는 느릅나무과에 속한 낙엽 활엽 교목으로 키는 20미터 정도로 자라며, 잎은 길쭉하면서도 둥글며 톱니가 나 있다. 봄에 어린잎을 따서 떡에 넣어 먹기도 한다. 꽃은 4월에 연한 노란색으로 핀다. 열매는 5월경에 녹색에서 갈백색으로 익으며, 날개가 달려 가운데가 부풀은 동전 모양을 하고 있어 멀리서 보면 나무에 동전들이 매달려 있는 것처럼 보인다.

느릅나무는 수형(樹形)이 퍽 단정하고 아름답다. 곧게 뻗은 원줄기에 많은 가지가 사방으로 고르게 자라 우아하면서도 위엄이 넘친다. 산행 중에 잘 자란 느릅나무와 마주치면 그 독특한 껍질과 시원스럽게 뻗은 줄기의 기운이 넘치는 자태에 반하기도 한다. 그래서인지 공원이나 정원에 널리 심고 가로수나 분재용으로도 쓰인다.

한자로는 유근피(楡根皮) 또는 유백피(楡白皮)라 하여 뿌리껍질을 약재로 사용한다. 이 약재는 달여 먹거나 외상(外傷)에 붙이는데, 혈액순환 개선, 타박상으로 인한 울혈 제거, 골절상, 외상 출혈이나 십이지장궤양 출혈에 지혈 작용이 있다고 한다. 민간요법으로는 종기 · 종창에 뿌리껍질을 찧어 붙이면 고름이 빠지고 새살이 돋아나는 작용이 강하여 예로부터 가정상비약으로 많이 써왔다. 또한 배가 고플 때에 줄기껍질이나 봄철의 어린 순을 식용하여 구황식물도 유용한 나무였다.

한의(韓醫) 관련 책자를 보니 열매도 약재로 이용하며, 살충(殺蟲) 작용이 현저하고, 피부선균(皮膚癬均)의 억제 작용이 있다고 한다. 이 나무의 근피(根皮)나 수피(樹皮)는 최근 들어 이용 범위가 넓으며, 위염(胃炎) · 위암(胃癌) 등에 효능이 있다는 것이 알려지면서 소화기질환의 대표적인 민간요법 약물이라고 소개했다.

장모(丈母)님 생전에 하시던 말씀이 생각난다. 새댁시절 서투른 부엌 칼질에 손을 다쳐 덧난 손가락을 절단할 뻔 했었단다. 그런데 시골의 한 장터에서 어느 할머니가 느릅나무 뿌리를 찧어 바르면 낫는다고 일러줘 나았다고 하셨다. 지금도 시골장에 가면 시골 할머니들이 느릅나무 뿌리껍질을 한 움큼씩 다발로 묶어서 팔고 있는 모습을 볼 수 있다. 우리 조상들의 지혜가 전해지는 현장이다. 느릅나무 뿌리의 껍질을 입으로 질근거리면 끈적끈적한 점액이 나오는데 그것이 좋은 약이다.

마디마다 촘촘히 매달린 씨앗은 어느 바람에 실려 날아가 뿌리를 내릴 계획이다. 날개가 달린 씨앗은 꼭지만 떨어지면 여린 바람에도 멀리 날 수 있다. 차가운 바람이지만 느릅나무 열매에겐 절실한 것이며, 그것은 느릅나무 씨앗의 숙명이다. 그늘진 캠퍼스 음지에서 '바람아 더 세게 불어라'라고 외치는 듯하다. 바닥에 떨어진 씨앗을 주워 보니 얇은 막 한가운데 작은 종자가 덮여 있다. 미물(微物)이지만 또 다른 한 생명의 창시자인 셈이다.

그리움 꽃 능소화

오랜만에 남원(南原)을 다시 찾았다. 가끔씩 오다가다 들르긴 했지만 이번 여행은 큰 마음먹고 광한루(廣寒樓)와 춘향의 일대기를 실물로 형상화한 춘향테마파크를 천천히 돌아볼 작정으로 온 것이다. 소설 속의 인물이지만 400여 년 전 러브스토리의 주인공을 새로이 만나는 것도 가슴 설레는 일이다.

주말이라 그런지 광한루는 사람들이 꽤 많았다. 건물 사이를 흐르는 맑은 냇물에 굵은 잉어들이 유유자적한다. 이곳을 거쳐간 공로자들의 비석이며 현판의 글씨들은 옛 체취가 그대로 남아 있다. 버드나무 아래서 휴식을 취하는데 한 노인이 다가와 이 냇물은 저쪽 강가에서 땅속으로 물길이 저절로 생겨 흐른다고 얘기해준다. 천혜의 풍경이다. 서문(西門) 입구의 조그만 도랑에는 창포가 싱싱하게 물길을 거스르며 은은한 향내가 코끝을 흐른다.

큰 냇가의 다리를 건너 춘향촌(春香村)을 거닌다. 인위적이지만 고샅고샅마다 정성들여 옛날 거리를 재현하여 마치 옛 유적을 보는 듯하다. 동헌(東軒)을 들어서니 망나니가 춘향을 묶어놓고 으름장을 놓고 있다. 대청마루에서 내려 보는 사또의 추상같은 눈이 너무나 사실적이다.

동헌의 오른쪽 담장에 붉은 능소화(凌霄花)가 매달려 춤을 추고 있다. 바깥쪽에서 담장을 넘어오고 있는 중이다. 진홍색의 꽃이 매달려 흔들거리니 눈에 쉽게 띈다. 실로 오랜만에 보는 뜻밖의 꽃이다. 능소화는 동헌이 자기 자리인양 거침없이 마당을 향하고 있다. 그 소담스런 모습이 반갑다.

능소화는 꿀풀목 능소화과의 식물이다. 중국이 원산으로 갈잎덩굴나무이다. 담쟁이덩굴처럼 줄기의 마디에 흡반이라 부르는 뿌리를 건물의 벽이나 다른 나무에 붙여 타고 오른다. 7~8월에 가지 끝에서 나팔처럼 벌어진 주황색의 꽃이 핀다. 금등화(金藤花)·자위(紫葳)·대화능소화(大花凌霄花) 등으로도 불렀다. 옛날부터 우리나라와 만주(滿洲)지방의 인가(人家)에서 널리 심는 관상수였다.

우리나라에서는 능소화를 양반집 정원에만 심을 수 있었다. 일반 상민집에 이 능소화를 심어 가꾸면 잡아다가 곤장을 때려 다시는 능소화를 심지 못하게 하였다. 그래서 이 꽃을 양반꽃이라 불렀다고 한다.

능소화는 약용으로도 쓰였다. 민간요법으로 잎·꽃·줄기·뿌리를 이용하여 이뇨·해열·강정(强精)·심신안정·피부질환의 약재로 썼고, 한방에서는 능소화의 꽃을 건조하여 혈액순환 촉진·거담(祛痰) 기능에 사용했다.

대부분의 꽃들은 활짝 핀 후 시들어서 떨어지는데, 능소화는 꽃이 피고 한껏 아름다움을 뽐낼 때 꽃이 떨어진다. 시들어서 떨어지지 않고 얼마만큼 피어 있다가 꽃잎이 통째로 떨어지는 것이다. 아마도 꽃이 시들어 추한 모습을 보이기 싫어서일지도 모를 일이다.

이 꽃에는 독(毒)이 있어 꽃가루가 눈에 들어가면 심한 염증을 일으키기도 한다. 매혹적이고 강렬한 주홍빛의 꽃 색깔 이면에 독을 갖고 있는 야릇한 나무이기도 하다.

어렸을 적에 고모님 댁에서 자주 보았던 꽃이다. 넓은 마당 가장자리에서 높은 지주(支柱)나무를 타고 덩굴로 올라가던 꽃나무. 높이 오른 나무에서 꽃송이가 떨어지면 거위가 꽃을 물고 꽥꽥거리던 모습이 선하다. 시커먼 고목등걸을 기어오르며 붉게 수놓던 꽃이 바로 능소화였던 것이다.

능소화와 관련된 애틋한 이야기가 생각난다. 십 수 년 전 경북 안동(安東)의 도시 계획으로 파 헤쳐진 무덤 속에서 발견된 편지 한 통의 내용이다. '420년 만에 배달된 편지'라 하며 매스컴에서도 특필되었던 내용이다. 저승으로 떠나는 사람에게 이승에 남은 사람이 이별의 서러움을 애통해 하며 썼던 편지였다. 임진왜란이 일어나기 바로 전(前)에 요절(夭折)한 한 남자의 아내가 떠나는 남편의 무덤 속에 써넣었던 편지의 내용이 사람들의 심금(心琴)을 울린 것이다. 1998년 경북 안동(安東)의 한 무덤에서 온전히 보존되어 세상에 나온 것이다. 그 내용은 세상을 먼저 등진 남편에 대한 그리움을 절절하게 엮은 젊은 여인의 사부곡(思夫曲)이었다.

남자는 결혼하기 전에 여인이 어떻게 생겼을까 보고 싶어 몰래 그녀의 집을 찾았다. 담장에 있는 진홍색의 능소화 사이로 살짝 비친 소녀는 남자의 가슴을 설레게 했다. 결혼 후 다정했던 부부는 두 아이를 낳아 행복했다. 그렇게 행복했던 부부는 역병(疫病)으로 한 사람이 먼저 세상을 뜬다. 그 남자는 '예쁜 여인과 혼인하면 수명이 짧을 것이라는 스님의 예언이 있었고, 천하의 못생긴 여자와 결혼하되 집 안에 있던 능소화를 모두 없애면 괜찮을 것이다'라는 처방이 있었다. 그런데 두 연인(戀人)의 피할 수 없는 운명적인 만남 한가운데에 능소화의 저주가 있었던 것이다.

돌담 위에 피어 있는 능소화 사이로 마주쳤던 두 사람의 첫 만남, 설레고 기쁜 마음은 땅바닥에 뒹구는 능소화 운명이었던가. 꽃이 져도 전혀 시들지 않는 아름다움이 있지만 독(毒)이 있는 능소화. 애틋하고 아련하고 슬픈, 하지만 지고지순한 아름다운 사랑의 이야기가 편지에 담겨있던 것이다. 수백 년 전에 살다 간 가련한 한 여인의 순애보가 오늘을 사는 우리에게 '왜 사는가'란 인생의 메시지를 보내는 것 같다.

마당에선 춘향의 고문이 한창이다. 춘향의 이야기가 사실이든 소설 속의 허구이든, 사람 사는 세상의 얽히고설킨 인생사를 표현한 것 같다. 예나 지금이나 사람들이 어울리며 이해관계가 얽혀 어우렁더우렁 살아가는 모습은 다를 바가 없는 것 같다. 춘향의 아우성을 뒤로 하고 중턱에 있는 정자(亭子)에 몸을 기댄다. 시내 쪽으로 오늘의 모습이 눈에 잡힌다. 복잡하고 각양각색이다. 높이 솟은 아파트를 보고 동헌의 사또는 어떤 생각을 할까?

큰 강물이 시내를 가로 지른다. 인간은 유한하여 시공(時空)을 멀리 뛰어넘을 수는 없다. 편지 속의 절규가 가슴을 저민다. 몇 글자 필체로만 남은 얼굴 없는 어느 여인의 삶이 오래도록 여운을 남긴다. 능소화 한 송이에 만 가지 인생사가 가득하다. 진한 주황색의 능소화가 동헌(東軒)을 지나는 사람들에게 던지는 무언(無言)의 전언(傳言)인 것이다.

엄마 머릿기름, 동백나무

우리 집 출입문 앞에 한겨울을 고스란히 밖에서 지낸 동백나무가 드디어 붉은 꽃잎을 열었다. 입춘(立春) 즈음 꽃망울이 보였을 때 꽃이 필까 싶었는데, 보란 듯이 활짝 피어 자태를 뽐내고 있다. 겨울을 즐기듯 추위도 아랑곳하지 않고 싱싱한 이파리를 겨우내 달고 있었다.

수년 전 친구가 집을 정리하며 몇 가지 보내 준 화분 중 하나인데, 그 중에 동백나무가 꽃을 피워 마음을 사로잡고 있다. 무르팍 정도의 키에 가지마다 꽃을 피우고 보란 듯 작은 정원에 빨간색의 향연을 펼치고 있다. 현관 바로 앞으로 자리를 옮겨 들락날락할 때마다 눈길을 받으며 식구들의 사랑을 받는다.

자주는 못 가지만 어쩌다 가 보는 바닷가에서 수수한 동백나무 이파리 사이로 보이는 동백꽃에 반해 한참을 잊고 서서 바라보던 일이 문득 떠오른다. 새빨간 꽃잎에 노란 꽃술이 대조되어 발길을 잡는 동백꽃의 모습은 인상적이었다. 바닷가의 찬바람에 겨우내 시달리고도 꿋꿋하게 붉은 꽃을 피워내는 동백나무는 아마도 바닷가 지역을 대표하는 나무이지 싶다.

현역시절 직장에서 서천 마량리의 동백나무 숲을 찾았었다. 엄청난 군락에 놀랐고 진한 꽃 색에 반해 그 후 몇 번을 다시 갔었다. 동백정(冬柏亭)에서 내려뵈는 잔잔한 바닷가와 피를 토하듯 붉게 물든 일몰(日沒)의 장엄한 광경이 각인되어 내겐 잊을 수 없는 추억이 되었다. 동백나무 꽃의 선홍색이 억겁(億劫)을 지내며 수평선의 저녁 하늘을 닮았구나 생각했었다.

자그마한 화분 속에 갇힌 나무가 과연 꽃을 피울까 싶었다. 꽃망울을 달고 달포 뜸을 들이더니 손녀딸 백일(百日)을 맞아 축하라도 해주듯 엊그제 봉오리를 터뜨렸다. 진홍색 꽃잎 속에 샛노란 장식을 달고 흉내 낼 수 없는 자연의 오묘한 색을 선보인 것이다.

엊그제 봄가뭄이 심한 가운데 단비가 내렸다. 이삼 일을 내리 추적거렸다. 더불어 강풍(强風)이 불어 봄꽃들이 단명(短命)한 해가 되지 않을까 걱정이었다. 그래도 필요할 때 적절히 내리는 비라서 더없이 고맙다. 그 비바람에 동백꽃이 현관 앞에 꽃가루가 되어 흩어 뿌려졌다. 바닥에 떨어진 꽃이지만 더 붉고 아름다우니 밟고 지나기도 조심스럽다.

동백나무는 차나무과의 상록교목(常綠喬木)으로 10미터까지도 자란다. 나무껍질은 황갈색으로 매끄럽다. 잎은 어긋나며 타원형으로 끝은 뾰족하고 쐐기형이다. 가장자리에는 톱니가 촘촘히 나 있다. 꽃은 붉은색 또는 흰색 등으로 11월부터 피기 시작하여 이듬해 4~5월경까지 피며 향기는 거의 없다. 열매는 구형(球形)으로 밤알 크기만 하게 9~10월에 갈색으로 익는다. 동백(東柏)·산다목(山茶木)으로도 불리며, 특히 전북 고창의 선운사, 전남 강진의 백련사 동백나무숲도 유명하다. 동백꽃을 조매화(鳥媒花)라고도 부르는데 벌과 나비가 없는 이른 봄에 피기 때문에 새에 의해 수정되는 꽃이기 때문이다.

한의 자료에 의하면 동백꽃을 산다화(山茶花)라 하여 약재로 사용한다. 량혈(凉血)작용이 있어서 코피·토혈(吐血)·자궁출혈·대변출혈에 꽃을 태워서 복용하면 지혈(止血) 효과가 있다. 또 타박상에 어혈을 제거시켜 낫게 하며, 아메바성 이질(痢疾)에도 치료 효과가 있다.

민간에서는 화상(火傷)에 꽃을 말려 가루로 낸 후, 참기름이나 동백기름을 반죽하여 붙이면 치료 효과가 있어 사용했다. 또한 씨앗을 볶지 않고 그대로 추출한 기름을 기관지염이나 천식 등에 복용했고, 머릿기름·등유(燈油)·화장품 등에 사용했으며, 식용하기도 했다. 이 기름은 오랫동안 두어도 변질되거나 굳지 않고 잘 마르지도 않아 선조들이 많이 활용했다.

나무 도감(圖鑑)에 의하면 '겨울에도 푸르른 나무'라는 뜻에서 동백(冬柏)나무라고 불렸다고 한다. 그런데 다른 자료에 의하면 동백꽃이 향기는 없지만 꿀을 많이 함유한 꽃이다. 한 겨울에 이 꿀을 먹기 위해 동박새가 날아들었다고 한다. 제주도에서는 이 나무를 '동박낭', 동박새를 '동박생이'라고 일컫는다고 한다. 이

'동박'이 '동백'으로 변해 동백나무라고 불렀다는 것이다.

동백나무는 이 지역에서 예전에는 별로 보지 못했던 나무였다. 따뜻한 기후인 남쪽지방이나 주로 바닷가에서 자라는 나무다. 그래선지 동백꽃에 대한 정서가 그리 깊진 않다. 다만 겨울을 모르고 추운 날씨에도 봉오리를 내밀고 꽃을 피우는 나무가 색다르고 대견하다. 철모르고 윤기가 나는 새파란 이파리와 그 깊고 그윽한 꽃 색으로 많은 호기심을 자극하는 나무인 것이다.

고려(高麗) 중기(中期)의 문인인 이규보의 〈동백꽃〉 시 한편을 소개한다.

복숭아꽃 오얏꽃이 비록 고우나
다소 천박한 듯해 믿기 어렵고
소나무 잣나무는 특별한 교태 없으나
추위를 견디므로 귀히 여기는구나
여기에 좋은 꽃을 키워내는 나무가 있어
눈 속에서도 능히 꽃을 피우네
알고 보면 잣나무보다 나으니
동백이란 이름이 맞지 않구나.

'동백(冬栢)'을 글자 그대로 풀면 '겨울 잣나무'다. 당시에도 동백이란 이름으로 불렸다는 얘기인데, 이 동백나무를 겨울 잣나무로 부르는 것은 마땅치 않다는 내용이다. 오늘날도 동백나무의 한자명이 왜 '동백(冬栢)'인지는 모를 일이다.

바람을 못이긴 꽃송이가 통째로 떨어져 바닥에 나뒹군다. 선명한 색깔을 간직한 채 떨어진 꽃잎이 아쉬워서 주섬주섬 모아 화분의 나무 밑에 깔아주었다. 꽃잎은 여전히 붉고 아름답다. 오묘한 자연의 색을 지금 바라보고 느끼며 감상할 수 있는 이 시간이 행복한 순간일 게다. 천 년 전에 문인(文人)이 봤을 그 좋은 꽃이 지금 내 앞에 있는 것이다.

못나도 효능 좋은 돼지감자

설날 차례상 앞에 모인 가족들을 대충 보니 이십 여 명은 될 듯하다. 막내가 환갑(還甲)이니 우리 일가(一家)도 적지 않은 세월이 흐른 셈이다. 부모님은 모두 가고 안 계신다. 남은 자식들이 조상을 기리고자 이렇게 모였다. 그리고 서로가 친족 간 임을 확인하는 자리다. 시댁에서 지낼 딸자식을 헤아리면 더 많을 것이라는 형님의 말씀에 실감이 간다.

위패로 모셔놓은 부모님의 자리가 가슴을 먹먹하게 한다. 당신의 얼굴을 기억하지 못하는 증손(曾孫)까지 모여 고개를 조아린다. 지금은 지방지에 써 놓은 이름 석 자가 모두지만 이게 인생이고 우리가 어찌 살아야할 지를 말씀해 주신다.

성묘를 다니는 사람들도 눈에 자주 띄질 않는다. 한파(寒波)에 눈길이 미끄러워서인지 성묫길에 있는 사람은 우리 가족뿐이다. 조카들이 떼를 지어 앞장 서는 모습들이 대견스럽다. 산으로 둘러싸인 고향은 사방에 산소가 옹기종기 있다. 조그만 마을에 조상 산소가 천(千) 기가 넘는다니 유택(幽宅)을 모시고 사는 셈이다.

산소 아래 조그만 텃밭 모서리에 돼지감자가 군락을 이루고 있다. 검게 퇴색한 줄기들이 앙상하다. 지난해 성숙했던 지상부는 사그라져 뼈대만 남아있다. 풀 종류여서 봄이 되면 새싹이 다시 올라올 것이다. 땅속줄기에는 맛있는 돼지감자가 통통하게 살이 붙어 모여 있을 것이다. 한겨울이라 땅이 얼어서 캐기가 쉽지 않지만 땅속 돼지감자는 지금 캐서 먹으면 아삭아삭하니 별미다.

시골에서 자란 사람은 모두 돼지감자의 추억에 공감할 것이다. 밭두렁 귀퉁이나 조각난 모서리 땅에서 누구의 관심도 없이 근근하게 자라던 풀이다. 못생기고 볼 품 없는 돼지감자는 궁하던 입의 주전부리로 더할 나위 없는 친구였다. 지금은 손대는 이가 없으니 넓게 퍼져 밭 가장자리를 차지하고 있다. 누가 저 풀뿌리를 캐서 먹을 것인가. 흙속에 흐드러질 돼지감자를 생각하니 곡괭이를 메고 찾아다니던 옛적이 아련하다.

뚱딴지로 불리는 돼지감자는 국화과 식물로 여러해살이풀이다. 북아메리카가 원산지인 귀화식물로 해바라기의 한 종류로 알려져 있다. 번식력이 강하여 척박한 땅에서도 잘 자라며, 줄기는 긴 대궁을 올리며 곧게 크고 가지가 갈라지며 키는 2~3미터 정도다. 여름부터 초가을까지 해바라기처럼 노란색의 꽃을 피운다. 땅속줄기로 형태가 일정하지 않게 다양한 모습의 덩이뿌리가 있다. 돼지감자는 그 껍질 색깔이 연한 담황색에서 노란색 · 갈색 · 붉은색 · 자주색까지 있다. 속 색깔은 희며 아삭거리는 맛이 고소하다.

돼지감자라는 이름은 돼지의 사료로 이용되어 돼지나 먹는 감자라고 하여 그렇게 불렸다고 한다. 뚱딴지는 우둔하고 무뚝뚝한 사람을 놀림조로 부르는 말인데, 이 풀을 이르는 말로 쓰이니 우스꽝스럽기도 하다. 아마도 밭 가장자리에서 이곳저곳에서 마구제 멋대로 돋아나서 그렇게 불렸을지도 모를 일이다. 아무튼 서양에서는 식용으로 요리에도 쓰이고 가축의 사료로도 쓰였다고 하며, 우리의 어린 시절에는 주전부리 먹거리로 요긴하던 식물이었다.

한방에서는 그 덩이뿌리를 국우(菊芋)라 하여 약재로 쓴다. 자료에 의하면 약성은 달고 차며, 해열(解熱) 작용이 있고 대량 출혈을 그치게 하는 작용이 있다고 한다. 또한 잎과 줄기는 타박상과 골절상에 쓰인다고 전한다.

민간요법으로는 이 돼지감자가 진통(鎭痛) · 자양강장의 효능이 있어서 신경통 · 류머티즘의 치료제로도 쓰였다. 또한 어느 연구자료에 의하면 돼지감자가 혈당 강하(降下) 효능이 있어 당뇨의 치료 효과가 있고, 식이섬유 섭취와 자양효과가 있어서 음료제로 개발하고 있다니 선인들의 지혜가 검증되고 있다는 생각이 든다.

아직도 흰 눈이 소복하게 쌓여 발걸음을 더디게 한다. 경사진 선친 산소를 오르기가 버겁다. 엉금엉금 기다시피 잔디 위를 걷는다. 반세기가 넘게 이곳에 누워 계신 선친을 자식이라는 도리로 세배를 드린다. 백골(白骨)로 계신 분이 아실랴마는 이는 살아

있는 나 자신의 위로 아닐까. 설날에 조상 산소를 찾는 것도 당연한 일상으로 오늘을 사는 내 삶의 일부다. 비석에 새긴 존함에 생전의 모습들이 겹쳐진다. 누구나 고향에 가면 아우라가 있듯이 먼 날의 추억이 환상으로 눈가에 아른거린다.

세태가 변한 탓일 게다. 고향의 친구들도 객지 생활에 초로(初老)가 되어 명절에 고향을 찾는 일이 드문 것 같다. 아마도 분가하여 각자의 일가를 이루다 보니 당일에 만나기가 더욱 힘들다. 이미 저무는 세대에 들어선 우리 또래에겐 친구 보기도 쉽지 않은 일이 되었다. 떼를 지어 앞장선 조카들의 성장한 뒷모습이 나이 먹음을 실감나게 한다.

산소 아래 텃밭의 가장자리에 삭아서 말라비틀어진 돼지감자의 줄기가 시커멓다. 의기양양 제 멋대로 넓게 번진 뚱딴지가 누가 캐먹으랴 자신만만한 모습이다. 요즘 누가 저 뿌리를 캐어 먹겠는가. 그것도 궁하던 지난날의 내 모습이 그 곳에 있다. 아늑한 고향의 뒷산 봉우리에 맞닿은 푸른 하늘이 시리도록 푸르다. 예나 똑같은 공간에 시간만 흐르고 내 모습은 환갑(還甲)노인으로 변해버렸다.

딱지 닮은 딱지꽃

주말이면 친구들과 산행을 하며 둘레 산을 고샅고샅 다니길 즐긴다. 화창한 봄날 이른 아침 발걸음은 기분도 상쾌하다. 춘분(春分) 지난 지가 한 달이나 넘었어도 아직 아침 날씨는 차갑다. 외곽에서 전원생활을 하는 친구는 아침에 살얼음을 보고 나왔다고 한다. 강원도는 발목이 덮일 정도의 눈이 왔다는 뉴스다. 4월의 폭설이 몇 십 년만의 일이라니 황당하다. 이른 아침이라선지 손이 시려 오늘 산행 길엔 장갑을 챙겼다. 꽃샘추위인지 겨울이 다시 온 건지 헷갈린다.

햇살이 퍼진 길가에는 따스한 기운이 역력하다. 납작 엎드린 방석나물들이 기지개를 켜고 부지런한 풀들은 이미 고개를 쳐들었다. 딱지꽃도 불그스레한 잎줄기에 털보숭이처럼 보송보송한 솜털을 달고 마른 땅을 헤집고 나와 있다. 행여 추위에 상할까봐 그렇게 무장을 하는가 보다. 바싹 마른 땅 위의 솔잎 사이로 붉은 줄기에 푸른 잎의 딱지꽃이 금세 눈에 띈다. 눈이 오든, 산등성이에 서리가 내리든, 그렇게 봄은 어김없이 찾아온다. 딱지꽃, 따스한 봄볕을 따라 추억 속의 그리움이 있는 풀이다.

딱지꽃은 장미과에 속하는 여러해살이풀이다. 산기슭이나 들판의 어디서든 흔히 자란다. 굵은 뿌리에서 여러 개의 줄기가 모여 나고 키는 사람의 허리 정도까지 자란다. 뿌리에서 바로 나오는 잎은 땅으로 기며 자라고 줄기에서 나오는 잎은 어긋나며 큰다. 이파리는 톱날 모양으로 쑥갓처럼 많이 갈라진다. 그 잎 뒷면에는 작은 털들이 많이 나 있다. 줄기는 보라색을 띄며, 꽃은 노란색으로 6~7월에 핀다. 봄에 어린잎을 나물로 먹으며 뿌리를 날것으로 먹기도 한다. 예전에는 구황식물(救荒植物)로 우리의 먹거리를 대신했던 풀이기도 하다.

딱지꽃이란 이름은 어린이들이 놀이 할 때 쓰는 딱지처럼 땅바닥에 납작하게 퍼져서 자라 붙여진 이름이다. 이 풀은 일명 호미초(虎眉草) 즉 호랑이눈썹풀이라고도 불렀다. 잎줄기에 하얀 잔털이 빽빽하고 날카롭게 생긴 잎의 모양에서 호랑이의 눈썹을 연상했던 것 같다. 또는 잎의 생김새가 지네를 닮았다 하여 지네풀, 이질(痢疾)에 잘 듣는다하여 이질초로도 불렸다.

이맘때쯤이면 꽃이 서로 비슷하여 구분하기 어려운 풀들이 많다. 산길 양지쪽에 많이 피는 양지꽃, 습한 곳 음지에 주로 자리잡고 군락을 이루는 뱀딸기, 밭둑이나 산언저리에서 꽃이 작고 손가락 모양의 이파리를 가진 가락지나물, 그리고 딱지꽃, 모두 봄나물로도 먹는 풀들이다. 노랑꽃을 피우고 모양도 비슷하여 구분하기가 쉽지 않다.

딱지꽃은 한방에서 위릉채(萎陵菜)라는 생약명으로 약재로 쓴다. 봄에 줄기가 아직 나오지 않을 때 뿌리를 포함한 전초(全草)를 채취하여 햇볕에 말려 사용한다. 자료에 의하면 청열해독(清熱解毒)의 약성이 있어서 혈액이 섞인 설사병을 치료하고, 급성 세균성 이질과 아메바성 이질에 이질균의 발육을 억제하는 효능이 있다. 그리고 출혈성 질환, 대변 출혈, 자궁 출혈, 코피, 위점막 출혈 등의 지혈제(止血劑)로 사용한다.

민간에서도 특히 뿌리를 지혈약으로 사용하였고, 진통·진정작용이 있어서 관절염이나 신경통에 뿌리를 달여 마셨다. 딱지꽃은 영양 물질이 풍부하여 나물로도 많이 먹던 풀이다. 뿌리째 캐어 먹으면 몸이 튼튼해지고 밥맛이 좋아지며 위장도 튼튼해진다고 했다.

옛날부터 이 풀은 약성도 평(平)하고 독이 없어 아무 체질이나 상관없이 약용했던 풀이었던 것 같다. 몸의 열(熱)도 없애고 독(毒)을 푸는 효능이 있으며, 설사를 멎게 하고, 각종 염증을 치료하는 약재로 쓰였으니 두루 유용했던 약초이자 봄나물이었다.

햇살이 퍼진 산길 언저리에서 별 볼일 없는 모습으로 만난 딱지풀은 흰 솜털이 보송보송한 아직은 앳된 모습이다. 어린 시절, 하굣길에서 나무막대기로 캐어먹던 딱지풀 뿌리는 눈에 띄는 즉시 먹거리 상대였다. 뿌리를 캐어 풀잎에 닦아 입에 넣으면 그만이었다. 쫄깃쫄깃한 맛에 향긋한 뿌리 냄새가 아련한 추억으로 다가온다. 그렇지만 줄기를 하늘로 올리기 시작하면 못 먹던 풀이었다. 그땐 이미 뿌리에 질긴 심이 생겨 먹을 수가 없었다. 그 줄기에서 꽃대가 나오기 시작하면 노란 꽃이 송이송이 달린다. 어린 아이들 키 이상으로 쑥쑥 자라던 풀, 가느다란 꽃대를 이기지도 못하면서 옆으로 눕듯이 서 있던 옛날의 딱지꽃이 오늘 산행 길에 동무였다.

그렇게 물처럼 세월은 흘러갔고 딱지꽃 추억만 오롯이 남았다. 그리고 오늘 난 이렇게 중늙은이가 되어 건강을 지키고자 산행을 하고 있다. 만화방창(萬化方暢)의 계절, 철 따라 피고 지는 산판의 모습들은 자연의 섭리이다. 봄은 누구에게나 희망을 준다. 따스한 봄볕에 아른거리는 산과 들의 모습은 사람의 사는 이유를 알려주는 듯하다. 산벚꽃이 흐드러진 계곡을 따라 걷는 마음 또한 삶의 의욕이 힘 솟는다.

세상사 모두 마음먹기 달린 게 인생이다. 일체유심조(一切唯心造), 모든 것은 오로지 마음이 지어낸다는 문구가 떠오른다. 내 일도 희망이다.

땅꼬마 빗자루 땅비싸리

삼엄한 경비를 지나 민통선으로 들어서는 기분이 묘했다. 돌아오지 못할 곳으로 들어가는 느낌이 들기도 했다. 같은 나라, 같은 민족이었던 사람들이 선을 그어놓고 대치하고 있는 모습이라니……. 그런 상태로 반세기를 넘어 육십 년이 되었으니 참으로 속심 강한 민족이 아닌가 싶다. 국경을 없애고 국가 개념도 모호해지는 현실의 서방(西方)과 비교하면 별나다.

문인협회에서 주관한 '전선을 걷다' 프로그램에 참여하여 오랜만에 최전방을 방문할 기회를 가졌다. 군 제대 후 삼십 수 년만이니 감회가 새롭다. 자식 같은 후배들이 초롱초롱한 눈으로 북녘을 주시하며 여전히 이곳을 지키고 있다. 삼엄하지만 정겹고 또 안타까운 마음이 교차한다. 내가 군 복무를 마치고 한 세대를 넘었어도 아직 그 짐을 벗지 못하고 있으니……. 밤낮없이 경계(警戒)에 임할 젊음들이 안쓰럽다.

서해에서 동해로 이어져 있는 철책(鐵柵)이 지형을 따라 구불구불 이어지고 있다. 녹슨 철조망 너머의 북녘 땅은 긴장감을 준다. 그 너머엔 온갖 풀과 나무가 자연 그대로 울울창창 우거져 있다. 우리의 긴장된 모습과는 아랑곳없이 비무장지대는 한가롭고 수풀 사이로 가끔씩 보이는 고라니는 유유자적(悠悠自適)이다. 북녘과 남녘의 선은 우리가 그어놓은 것일 뿐 푸른 숲은 그저 푸르기만 하다. 짙은 녹음 속의 고요한 정적은 금수강산인데 유독 사람만이 총부리를 겨누고 있을 뿐이다.

철책 그물망을 따라 땅비싸리가 군락을 이루며 연분홍 꽃대를 세우고 살랑거린다. 은은한 꽃 색깔이 잠시나마 여유로움을 준다. 철책을 따라 지뢰지대의 팻말이 붙어 있는 살벌한 풍경과는 대조적이다. 이전에는 평화롭게 오순도순 살았을 삶의 터전인데, 지금은 누구의 접근도 허락지 않는 공간이 되었다. 그래도 자연은 아랑곳없이 아름다운 꽃을 피워 방문객의 눈을 즐겁게 해준다. 흔한 땅비싸리가 이 삭막한 공간에서 우리에게 여유로움을 주고 있다. 진정한 평화, 자유와 사랑은 무엇인가? 인간을 향한 무언(無言)의 메시지가 전해진다.

산행을 하다 보면 흔하게 보는 식물이지만 이름도 잘 모르는 나무가 바로 땅비싸리다. 산기슭의 덤불 사이로 무리를 지어 자라며 푸른 이파리 사이로 분홍 꽃을 피운다. 잎사귀를 들추면 많은 꽃들이 줄줄이 드러난다. 연한 분홍색깔의 꽃은 어렸을 적 누님의 볼처럼 곱기만 하다. 작은 키로 땅에 붙어 자라며 빗자루로 이용되어 땅비싸리로 불린다는 재미있는 식물이다. 군락을 지어서 우리가 눈여겨보지 않을 뿐이지 모습은 아주 매력적이다. 아담한 키에 휘어지듯 줄기 아래에 달리는 꽃송이들은 송이송이 산뜻하고 아름답다. 새 잎이 올라와 펼쳐지는 모습들은 화분이나 꽃밭에 심어도 손색이 없다.

콩과에 속한 낙엽소관목(落葉小灌木)으로, 높이는 70센티미터 정도이며, 잎은 어긋나고 깃꼴 겹잎인데 작은 잎은 타원형이다. 꽃은 5월부터 6월말까지 나비 모양의 옅은 붉은색 꽃이 잎겨드랑이에서 핀다. 열매는 원기둥 모양의 협과(莢果)로 10월에 익는다. 전국적으로 산기슭이나 산허리의 양지에서 많이 자란다. 다른 이름으로 논비싸리, 땅비수리 등으로도 불린다. 학명(學名)이 영문(英文)으로 인디고페라(Indigofera)인데 '쪽빛이 있다'라는 내용으로 옛날에는 푸른색 염료로 사용되었다고 전한다.

땅비싸리는 가을에 채취하여 건조한 뿌리를 산두근(山豆根)이라 하여 한방에서 약재로 사용하고 있다. 약성이 쓰고 차서 항암(抗癌) 및 각종 세균 억제 작용이 있다고 한다. 특히 자료에 의하면 조기(早期)의 후두암(喉頭癌)과 폐암(肺癌)에 치료 효과가 있고 소염작용이 있다. 민간요법으로 어린 아이에게 나타나는 연쇄상구균의 감염질환인 성홍열(猩紅熱)에 뿌리를 달여 먹이기도 했다.

청명한 날씨에 드높이 떠 있는 구름이 계절을 착각하게 할 정도로 시리다. 굽이진 능선을 따라 오르락내리락했던 철조망이 눈에서 떠나질 않는다. 무엇이 한(恨)이 되어 가시철망을 세워놓고 이 많은 세월과 청춘들을 붙박이로 잡아놓았을까? 인간의 모질고도 탐욕스런 내면이 고스란히 살아있는 현장이다. 세계에서 유일한 분단국가라니 부끄러운 우리의 모습일 뿐이다. 몸뚱이에 벌집 같은 총상의 흔적(痕迹)을 갖고 화석(化石)같이 되어버린 기관차가 그 세월을 증언하고 있다. 아직도 수십 미터의 땅속을 헤집고 우리의 삶을 위협하는 동족(同族)이라는 저들을 어떻게 이해해야 할 지 답답하다. 두 세대의 세월이 지난 오늘에도 이러고 있음에 분노가 치민다.

경비병이 지나는 좁은 길목의 철책 안자락에 산딸기가 유혹을 하고, 파란 아카시나무 이파리가 푸른 하늘 속에서 산들거린다. 그 아래 작달막한 키의 땅비싸리가 수줍은 듯 손짓을 한다. 아! 이런 곳에서 풀과 나무들은 어우렁더우렁 그들만의 세계를 누리고 있다. 보초병의 가슴에 기댄 개인화기의 총구만이 살벌한 분위기를 자아낼 뿐이었다. 북녘의 산에도 푸른 나무와 숲이 빽빽하다. 그 속에 위장된 북한군 초소가 경계선 자락으로 보인다. 철책 아래 연한 분홍빛 땅비싸리 꽃이 분위기를 모른 채 하늘거린다.

땅 속의 콩 땅콩

주말에 옥상에서 재배한 화분의 작물들을 수확했다. 고추며 들깨, 석잠, 땅콩 등이다. 수도꼭지를 연결해 아침저녁으로 물을 주며 정성을 다한 결과물이다. 그런데 무덥고 가뭄 탓인지 예전만 못한 것 같다. 토마토는 심었지만 따먹은 기억도 없다. 중간에 부엽토를 넣고 물비료를 줘가며 애지중지했는데 신통찮다. 찬바람이 불자 고추는 열매 맺기를 일찌감치 포기했는지 꽃도 피지 않고 시들해졌다. 늦가을까지 피고 지며 열매를 달던 고추가 이미 아니었다. 고춧잎도 포기하고 이삭 줍듯 대충 정리하고 뽑아버렸다. 들깨는 열매가 익어가며 통실해져서 대궁을 거둬 찹쌀풀을 발라 말려 두었다. 기름에 튀기면 보송보송 불어나 들깨꽃송이가 되는 부각반찬을 만들기 위해서다. 도심 속 옥상에 들깨

향이 그윽하다.

이맘때면 평평한 산소 앞에서 깨 털이를 하던 옛일이 생각난다. 들깨나 참깨를 베어서 묶어세운 후 깔개에다 뉘고 탁탁거리던 수건 쓴 어머님 모습이 꿈같다. 가을의 그 향기로운 들깨 내음을 어찌 표현해야 할 지, 어머님 가슴팍 못지않은 추억의 냄새다.

하수오(何首烏) 덩굴을 걷어내다 줄기 사이에 숨겨져 있는 참외를 땄다. 뜻밖이다. 샛노란 참외가 그렇게 익어가도록 몰랐으니 무심하다. 하나도 아닌 두 개가 나란히 누워 있다. 향은 좋으나 뱃속은 골았을 게 뻔하다. 이게 바로 개똥참외다. 어찌 참외씨가 그곳에서 뿌리를 내렸는지 알 수 없다. 옥상인데도 온갖 잡풀이 무성해서 눈에 잘 안 띄었던 모양이다.

척박한 옥상에서 그래도 이파리가 무성하게 버틴 것은 땅콩이다. 아내가 고추 묘목을 사올 때 시나브로 구입해서 심은 것이다. 친정 땅콩 농사짓던 옛일이 생각나서란다. 우리 옥상에서도 하여튼 땅콩은 무성하게 잘 컸다. 화분을 엎어 흙을 털고 나니 제법 달려 있다. 반(半)은 쭉정이다. 열매고 뭐고 살아남아야 했는지 잔털 같은 실뿌리만 빼곡하다. 수확해 놓으니 한 바가지 정도다. 큰 기대는 안 했지만 수돗물 값도 못한 셈이다.

옥상 건너편 집 지붕의 안테나에 까치가 집을 짓고 꽤나 시끄럽게 굴더니 아무래도 그 까치가 의심스럽다. 그 까치는 욕심이 많은 새인지 다른 새가 근처만 날아도 난리법석이다. 그 까치가 우리 집 옥상도 제 영역이었던 모양이다. 옥상을 올라가면 꼬리만 보이면서 슬그머니 날아오르면서 모습을 감춘다. 그리고 땅콩 화분을 보면 흙이 파헤쳐져 있다. 처음에는 까치 짓인지도 몰랐다. 까치가 땅콩을 아주 좋아한다고 누군가가 귀띔을 해 주어 알았다. 땅콩 이파리 아래가 그래서 깊숙이 파여 있었던 거다.

그뿐만이 아니라 고추며 상추, 석잠풀의 아래 화분은 참새들의 휴식처다. 날갯짓으로 흙을 파헤치고 주인이 오면 일제히 날아오른다. 거름으로 만들려고 가끔씩 갖다놓은 과일껍질 등도 새들에겐 좋은 먹거리였던 것이다. 이제 옥상은 새들과 같이 나눠 먹고 같이 살아가는 공간이 되었다.

땅콩은 콩과의 한해살이풀이다. 잎은 어긋나며 2쌍의 작은 잎으로 이루어진 짝수 겹잎이고 잎자루가 길다. 작은 잎은 달걀꼴로서 끝이 둥글다. 쌍을 이루는 작은 잎이 어두워지면 합쳐지고 빛이 비치면 펴지는 수면운동을 한다. 꽃은 7~9월에 노란색으로 잎겨드랑이에 1개씩 달려 핀다. 열매는 9~10월에 땅 속에서 여물고, 긴 타원형이며 누에고치처럼 생겼다. 껍질은 두껍고 딱딱하며 겉은 그물 모양의 도톨도톨한 맥이 있고 황백색을 띤다.

땅 속에서 콩 같은 열매를 맺는다 하여 땅콩이라 불린다고 한다. 꽃은 줄기에서 피는데 열매는 땅 속에서 맺으니 특이한 식물이다. 꽃이 지면 줄기가 땅속으로 들어가 땅콩이 열리는 것이다. 그래서 낙화생(落花生) · 낙화송(落花松) · 낙화삼(落花蔘)으로도 불린다.

땅콩도 한약재로 사용한다. 자료에 의하면 혈우병(血友病) 환자의 출혈 증상에 지혈 반응을 보이는 약리성이 있다. 폐(肺)의 기운을 원활히 하여 마른기침 · 폐결핵, 소아(小兒)의 백일해 등에 쓰인다. 볶아서 사용하면 복부의 냉증을 제거하고 많이 먹으면 위암(胃癌)에도 효험이 있다고 한다. 또 날로 먹으면 변비에 도움이 된다.

민간에서 땅콩은 당뇨병 환자에게 좋은 식물이지만 한 번에 많이 먹는 것은 오히려 좋지 않다고 한다. 그리고 풍습(風濕)이나 각기병(脚氣病)에 땅콩껍질을 달여서 그 즙(汁)을 마시면 효과가 있었다.

잔뿌리가 소복하게 난 겉으로 듬성듬성 달린 땅콩이 신기하다. 원뿌리에서 긴 실을 달고 매달린 열매의 모습은 식물이 살아가는 다양한 모습에 절로 감탄이 나온다. 당초에 생산성을 고려하진 않았다. 여유 있는 화분에 이것저것 심어 그 정취를 누렸으면 족할 일이다.

덜 익은 땅콩을 먹고 그 달달한 맛에 까치도 즐거웠을 것이고, 고춧대 밑에서 한 여름의 더위를 피해 흙장난을 하고 갔을 참새도 행복했을 것이다. 이렇게 도심에서도 새들과 풀들, 여러 채소들과 어우러져 살아갈 수 있는 나도 흐뭇하다.

우리 집 가을은 옥상(屋上)에서부터 시작된다. 벌써부터 고추잠자리가 옥상을 맴돌았었다. 방수(防水)를 위해 칠해놓은 옥상의 녹색페인트 위를 수면으로 착각한 것인지 물 위에 알 낳는 시늉을 하곤 했다. 머리가 나쁜 잠자리인지 한심한 생각도 든다. 씨앗이 영글어 말라비틀어진 상춧대 위에서 고단해선지 날개를 접고 쉬고 있다. 가을을 몰고 온 고추잠자리의 비행이 또한 반갑다.

화분의 잡초도 다 뽑고 화분은 텅 빈 채 마른 흙만 안고 있다. 그야말로 겨울풍경 같다. 이젠 겨울을 맞이할 차례다. 한겨울의 눈만 찾아오면 옥상의 한 해가 다 갈 것이다. 봉황정 위의 흰 구름이 딱 하얀 겨울눈을 닮았다.

조롱조롱 꽃망울, 때죽나무

며칠 후면 말복(末伏)이니 더위도 무르익었다. 아침부터 비가 내릴 듯 찌뿌듯한 날씨는 안개 때문인 것 같다. 이도 햇살이 퍼지면 하늘로 올라가야 할 텐데 한낮에도 흐리다. 차라리 운전에 지장을 주더라도 시원하게 한줄기 쏟아졌으면 싶다. 가뭄으로 심각한 상황이라는데 일기예보엔 아직도 비소식이 없다. 그런데 빗방울이 감질나게 차창에 한두 방울 흔적을 남기고는 이내 말아버린다. 야외활동을 하기엔 땡볕보다 낫지만 그래도 뭔가 좀 아쉽다.

거창의 표(表) 작가를 만나러 가는 중이다. 무주 톨게이트를 나와 국도를 이용해서 가는 길을 택했다. 굽이굽이 넘던 신풍령은 빼재터널이 개통되어 순식간에 지나버린다. 그래도 거창으로 넘는 빼재는 구불구불 용틀임을 하며 드라이브 기분을 높여준다.

볼 일을 마친 후, 함양으로 이동하여 생전 처음 맛 본 여름별미인 초계탕을 먹고 농월정(弄月亭)에서 잠시 쉬어가기로 했다. 예로부터 이 화림동(花林洞) 계곡은 본래 팔담팔정(八潭八亭)이라고 해서 여덟 개의 소(沼)와 여덟 개의 정자(亭子)로 유명한 곳이다. 옛 선비들은 하계 휴양을 이곳에서 했는지 여부가 은근한 자랑거리였다고 표 작가는 소개를 한다.

널빤지 같은 바위 위에 자리를 잡았다. 가물지만 계곡을 흐르는 물줄기는 힘차다. 돌바닥과 바위틈을 헤매다 솟구치는 물에 휩쓸리면 위험할 정도다. 바위에 새겨진 옛 선비들의 한시(漢詩)도 풍치를 더한다. 함양의 안의(安義) 땅엔 선비들이 많았던 곳이라더니 이곳에도 풍류의 흔적이 곳곳에 남아있다.

물가의 쉼터 위로 꽤 커다란 때죽나무가 가지를 뻗고 있다. 휘늘어진 나뭇가지를 올려보니 하얀 열매가 바글바글하다. 독특한 열매 모양이 재미있는 나무다. 봄철에 꽃으로 만나면 그 향기에 더 취할 것 같은 분위기다.

계곡을 살펴보니 이 나무들이 군락을 이루며 물가를 따라 자라고 있다. 그냥 무심코 보면 특색이 없는 그런저런 나무 같지만 지금은 관상수로 많이 사용되고 있다. 봄이면 펼쳐진 가지를 따라 순백색의 꽃들이 떼를 지어 달라붙은 형상으로 장관을 이룬다. 화림동(花林洞) 계곡 이름은 아마도 때죽나무 꽃을 일컬음이 아닐까 생각된다.

때죽나무는 때죽나무과의 낙엽소교목으로 키는 8미터 정도 자란다. 전국에 분포하고 반 그늘진 곳에서 자라며, 추위에도 잘 견디는 나무다. 잎은 어긋나고 타원형이며 끝은 뾰족하다. 가장자리는 밋밋하거나 물결 모양의 얕은 톱니가 있다. 꽃은 5~6월경 새 가지의 끝부분에서 초롱 모양의 흰 색으로 여러 개가 모여 피며 아래를 향한다. 서양에서는 때죽나무의 흰 꽃에서 종(鐘)을 연상했는지 스노우벨(snowbell)이라고 표기한다. 열매는 달걀형으로 회백색을 띤다. 꽃과 열매가 잘 어울리고 나무의 모양이 아름다워 최근에는 조경용으로 많이 심는 나무다.

한의 자료에 의하면 때죽나무는 꽃을 약재로 사용한다. 꽃에는 여러 종류의 알칼로이드가 함유되어 있다. 꽃은 매마등(買麻藤)이란 생약명으로 풍습성관절염, 타박상, 사지(四肢) 신경통, 골절상 등에 쓰면 효과가 있다. 그리고 인후염 · 치통도 낫게 하고, 또한 뱀에 물렸을 때 짓찧어 붙였다. 뿌리는 통풍(痛風)에도 유효하다.

민간요법으로는 한여름에 열매를 채취하여 말린 후 약재로 썼다. 특히 구충제로 사용했고 골절상 등에도 이용했다.

예전에는 시골에서 때죽나무의 열매로 물고기를 잡기도 했다. 열매의 껍질에 마취 성분이 있어서 열매를 으깨어 냇물에 넣으면 고기들이 기절하여 혼비백산한다. 그렇게 고기들이 떼로 죽는다하여 나무 이름을 떼죽나무 또는 때죽나무로 불린다고 하는데, 재미있고 독특한 나무다. 또한 씨앗에는 기름 성분이 많아서 비누대용으로도 썼다고 한다.

매번 올 때마다 이곳을 보고 느끼는 기분은 한결같다. 이 높고 깊은 산골짝 너머 넓은 분지에 마을을 이룬 이곳이 왠지 낯설지 않다. 산으로 둘러싸인 곳곳의 수려한 자연경관은 사람살기에 더없이 좋은 곳 같다. 그래선지 이곳 사람들은 자긍심도 높다.

옛 선비들이 달을 희롱하며 풍류를 즐겼다는 농월정(弄月亭) 계곡에서 한가한 주말을 보냈다. 운동장 같은 너럭바위 위로 흐르는 맑은 물은 후텁지근한 몸과 마음을 시원하게 씻어준다. 바위 위에 새겨진 옛 선비들의 이름이 파여진 깊이만큼 눈에 들어온다. 시간을 달리하여 살다간 저들도 이름 석 자 저렇게 남기고 싶었을까. 물속에 잠겨 그 위로 흐르는 물거품이 무심하다.

봄날의 간식, 뜰보리수나무

마당의 조그만 물동이에 연(蓮)을 심어보고자 청성에 있는 신매리 연꽃저수지를 들렀다. 저수지는 가뭄으로 바닥을 거의 드러내고 있다. 마침 모내기는 거의 끝났지만 이상 기온으로 가뭄이 심해 논바닥이 거북등 같다. 한 농부가 그곳에 양수기를 들이대고 마저 남은 물을 끌어 논에 대고 있다. 금년에는 봄가뭄이 심해 농작물 피해가 예상된다고 하니 농민들의 속 타는 심정이야 오죽하랴 싶다.

그런 와중에도 신매리 뜰에는 보리가 여물어 황금벌판이다. 산자락을 따라 길게 이어진 밭에 누런 보리가 실하게 영글었다. 요즘 그리 흔하게 볼 수 있는 풍경은 아니다. 지난해 가을에 파종하여 겨울을 나고 결실을 본 것이다. 농촌에서 수익성이나 생산성을 따지면 저렇게 재배하여 이득을 보기가 쉽지 않으리란 생각이 든다. 우리 몸에 좋은 보리가 주식(主食)에서 밀려 소외당하는 세태에 저렇게 고집스레 농사를 짓는 밭주인이 대견스럽다.

개구쟁이 어린 시절 보리나 밀 서리로 궁한 입을 달래던 생각이 난다. 때가 보릿고개였을 것이다. 밭에서 덜 익은 보리나 밀을 베어 불에 그을려 먹고, 시커먼 입가를 자랑스레 내놓고 놀았던 기억이 떠오른다. 불에 구워진 말랑말랑한 연녹색 보리나 밀알은 최고의 군것질이었다.

물이 휑하니 빠진 저수지에서 연뿌리를 캐고 우렁도 몇 마리 잡아 챙겼다. 좁은 시골길을 돌아 마을을 빠져 나오는데 흙벽담 너머로 뜰보리수나무 열매가 대글대글 열렸다. 햇빛에 비친 새빨간 열매가 통통하니 먹음직스럽다. 농익은 붉은 열매가 만지면 터질 것 같다. 가지를 휘어 몇 개 따서 먹어보니 새콤달콤한 맛이 일품이다. 이제 이런 것도 따 먹을 사람이 없나 보다.

어린 날 친구네 울안에 있던 뜰보리수나무는 소문이 날 정도였다. 봄철 궁하던 시기에 붉고 큼직한 열매는 먹고 싶던 선망의 대상이었다. 예나 지금이나 뜰보리수나무 열매는 탐스럽다. 왕보리똥나무로도 부르던 이 나무는 지금은 곳곳에서 흔하게 볼 수 있다. 공원이나 아파트단지 내 정원에도 관상용으로 심는다.

뜰보리수나무는 보리수나무과의 낙엽관목으로 4미터 정도 자란다. 나무줄기는 회갈색으로 어린 가지에는 적갈색의 인모(鱗毛)가 생기며 긴 가시가 있다. 잎은 어긋나며 난형으로 끝이 뾰족하고 가장자리는 밋밋하다. 잎 앞면은 녹색이고 뒷면은 은빛이 나며 흰색이다. 꽃은 4~5월경에 잎겨드랑이에서 연한 황색으로 핀다. 타원형 모양의 열매는 5~6월에 적색으로 익는다. 다른 이름으로 보리똥나무, 보리밥나무로도 불린다.

뜰보리수나무는 일반적으로 산에서 자라는 보리수나무와는 다른 종류다. 뜰보리수나무는 봄에 꽃이 피고 여름이 오기 전에 결실을 하지만, 보리수나무 열매는 가을에 익는다. 가을에 산자락에서 주로 만나는 보리수나무는 팥알만 하다. 뜰보리수는 보리수나무 열매에 비해 더 굵고 붉다. 그리고 부처가 깨달음을 얻은 나무로 인도와 스리랑카에서는 신성시 하고 있는 보리수(菩提樹)라 불리는 보리자나무와는 전혀 다른 나무다.

한의 자료에 의하면 뜰보리수나무의 열매와 뿌리를 약재로 사용한다. 열매는 목반하(木半夏)라는 생약명으로 혈액순환을 개선시키고, 기(氣)의 순행을 도와준다. 이런 약리성으로 기관지 천식이나 이질, 치질, 타박상, 피부염 및 관절의 통증에 효과가 있다. 또한 뿌리껍질을 요통(腰痛)에 달여 마시면 효과가 있으며, 피부염이나 옴에 외용(外用)제로도 쓴다.

민간요법으로는 열매를 설탕에 재어 두었다가 마시면 천식(喘息)에 효과가 있고, 월경이 멈추지 않을 때 물에 달여 마셨다. 또한 뿌리의 껍질을 벗겨 설탕에 재어 두면 자양강장 효과가 있고, 무릎 통증에 열매 생것을 짓찧어 붙이면 아픈 것이 가신다고 했다. 옛날에 보리똥 서 말만 먹으면 어떤 해수 천식도 낫는다고 했던 말이 이 효능과 관계가 있는 것 같다.

연구 관련 자료에 의하면 열매의 추출물로 피부질환 및 염증질환의 예방과 치료에 사용할 수 있다. 또 뜰보리수 종자(種子)는 항암(抗癌) 효과가 뛰어나고, 항암 기능 음식으로 예방과 치료에 응용이 가능하다 했다. 주변에 흔하면서도 많은 열매를 맺는 나무로 그 이용이 활성화되기를 기대를 해 본다.

어렸을 적 뜰보리수나무 열매를 보리똥이라 불렀다. 떨떠름한 맛이지만 그 시절엔 아주 좋은 간식거리였다. 보리똥이란 열매 이름이 흥미롭다. 이 열매 껍질에 파리똥 같은 작은 점이 있어서 파리똥 혹은 포리똥이라고도 불렀다.

친구네 집 화단에 있던 통실한 보리똥, 산에 있는 보잘 것 없는 보리똥에 비해 통실하고 먹음직스러운 친구네 것이 참 부러웠었다. 오늘 만난 담 너머 빨갛게 흐드러져 농익은 보리똥을 이제는 따서 먹어주는 사람도 귀한 세상이 되었다.

이글거리는 햇빛 아래 한여름 같은 무더운 날씨가 벌써 사람을 지치게 한다. 옛 어른들은 보리똥이 익으면 여름이 시작된다고 했다. 더 빨라진 절기에 맞춰 뜰보리수 열매도 결실을 맺느라 바빠 보인다. 신매리 흙벽돌담 위에 걸쳐진 뜰보리수나무 열매가 탐스러웠지만 맛은 별로였다. 세상도 변하고 내 입맛도 변한 탓일 게다.

솜털 같은 띠

월송 삼거리에서 버스를 내려 이정표를 보니 미황사(美黃寺)까지 6킬로미터다. 절에 들어가는 시내버스가 뜸하게 운행되어 2시간 이후에나 지나간다고 상점 주인이 알려준다. 순간 머리에 '뭘 기다리나 걸으면 되지' 하는 생각이 퍼뜩 떠오른다. 곁눈질로 아내의 눈치를 살핀다. 이왕 여행 차 왔는데 시골길도 걷고, 이곳의 사람 사는 모습도 보며 들풀도 감상할 겸 천천히 걷자했더니 흔쾌히 오케이다. 일상을 벗어나고파서 배낭 하나 달랑 둘러메고 시작한 아내와의 주말여행을 정말 잘했다 싶다.

한가한 마음으로 아내와 한담을 나누며 남도 들녘을 걷는 것은 사실 처음이다. 야생화에 취미가 있는 나에게 길옆에 있는 모든 나무와 풀들이 관심거리다. 들녘에서 분주하게 움직이는 농부의 모습도 한 폭의 그림이다. 논에 써레질이 한창인 걸 보니 곧 모내기를 하려나 보다.

이른 아침의 뽀송뽀송한 공기와 멀리 눈에 들어오는 달마산의 신록, 들판의 푸르름은 살아있는 것 자체가 은혜라는 마음이 절로 나게 한다. 저 넓은 들판의 여유와 주변 산수(山水)의 어우러짐이 이곳 사람들의 판소리에 실려 있지 싶다. 창(唱)의 절묘한 기교와 늘어지는 템포의 차근차근한 서편제 한 가락이 어디선가 들리는 듯하다.

지나는 길의 버스정류장 옆에 중부지방에서는 쉽게 볼 수 없는 멀구슬나무의 꽃들이 보라색을 머금고 활짝 피었다. 교목(喬木)으로 자라는 이 나무는 키도 꽤 크다. 커다란 나무 위에 빽빽이 피어있는 꽃의 향긋한 냄새가 라일락꽃 향기와 비슷하다.

논두렁과 밭두렁에는 알 듯 모를 듯 온갖 풀들이 풍성하다. 쇠무릎, 방가지똥, 엉겅퀴, 지칭개가 질세라 줄기를 높여 꽃을 피우고 있다. 농수로에는 갈대가 줄기를 곧추세워 억센 이파리를 나풀거리고 서 있다. 그 아래는 연분홍의 낮달맞이꽃과 수영이 빨간 씨앗을 빼곡히 달고 지나는 길손을 맞는다. 그 사이사이에는 가끔씩 지나는 차량에 의해 흔들거리며 요동을 치는 띠의 하얀 솜털 이삭이 나풀거리고 있다. 나는 꽃이 아니냐며 마치 손사래를 치며 부르는 듯하다. 비단털 같은 은백색의 모습이 아름답다. 뜻하지 않게 삘기라 부르는 띠를 이곳에서 만났다.

어렸을 적 냇둑이나 묏등, 산언덕배기에 있던 삘기를 많이 뽑아 먹었다. 군것질거리가 없던 시절에 꽃이 피기 전 어린 이삭을 뽑아 부드러운 속살을 빼어 씹으면 달짝지근하고 꽤 맛이 있었다. 그렇게 질겅거리면 배고픔도 이길 수 있었다. 좋은 자리에서 서로 삘기를 뽑으려고 다투며 뒹굴던 어린 날이 삘기 꽃의 하얀 솜털에 살며시 피어난다.

띠는 벼과에 속하는 여러해살이풀로 키는 30~80센티미터 정도 자라며, 뿌리줄기는 백색으로 가늘고 길며 마디에 털이 있다. 잎은 모여 나고 좁고 길며, 가장자리가 거칠거칠하다. 꽃은 5월에 흑자색으로 피는데 꽃 이삭이 잎보다 먼저 나오고, 원추꽃차례를 이룬다. 꽃차례는 흰색 털이 있으며, 원줄기에서 1~2회 갈라지고, 각 마디에 2개의 작은 이삭이 달린다. 작은 이삭은 타원형이고, 밑 부분에 은백색 털이 많다. 갈색의 수술은 2개이고, 암술머리는 2개로 갈라져 길게 나온다. 띠의 어린 꽃 이삭을 '삘기' 또는 '삐비'라고도 부르며, 꽃이 피지 않은 어린 이삭을 뽑아서 날것으로 먹기도 한다. 씨가 여물면 이삭이 솜털뭉치처럼 되며 솜털이 달린 씨는 바람에 날려 자손을 퍼뜨린다.

띠를 이용한 민간요법으로 급성신장염 · 임신부종에 뿌리를 물에 달여 마시면 효험이 있다. 또한 꽃 이삭의 털을 찰과상의 환부에 붙이면 지혈효과가 있고, 코피가 날 때 콧구멍에 솜 대신 틀어막아도 효험이 있다고 했다. 특히 여름에 더위를 먹었을 때 땅속줄기와 메밀 볶은 것을 갈아서 달여 먹으면 효과가 있으며, 딸꾹질에도 좋다고 한다. 한방(韓方)에서는 땅속 뿌리줄기를 캐서 햇볕에 말린 것을 백모근(白茅根)이라고 부르며 이뇨 · 지혈 등에 쓴다.

이외에도 선조들은 띠를 일상생활에 이용했다. 옛날에는 꽃이삭의 털은 불을 붙이는 불쏘시개로 사용해 왔다. 띠 잎은 지붕을 덮는 데 쓰이기도 했고, 볏짚처럼 새끼를 꼬아 엮어서 지붕 등을 만드는 데도 이용했다. 그러면 볏짚으로 만든 초가집 못지않게 비가와도 물이 새지 않는다고 한다. 이엉을 엮어 배를 덮기도 하고, 비가 올 때 어깨에 걸치는 도롱이를 만들어 쓴 유용한 식물이기도 하다.

어릴 적 봄철에 새싹이 볼록하게 튀어나온 삘기를 만나면 신이 났었다. 들판이나 묏등에서 뽑아먹던 그 삘기를 하얗게 핀 꽃으로 남녘 들판에서 만났다. 아련한 추억의 한 토막을 이어주는 풀이다. 아내와 함께 걷는 이 길이 더없이 즐겁고 행복하다.

꽃 중의 꽃 모란

청화령 고개를 넘으면 청산(青山)의 자랑인 보청천 물줄기가 굽이굽이 한가하게 흐른다. 지금이야 편하게 자동차로 산을 넘지만 걸어서 다니던 시절은 만만치 않은 고갯길이었다. 구불구불 몇 굽이를 돌아 눈높이가 평평해지면 목적지에 도착한다. 먼발치에 백화산이 우뚝 서서 바람막이를 하고 섰고 그 앞으로 넓은 뜰이 펼쳐진다. 야트막한 산 아래로 납작 엎드린 시골집과 그 앞에 펼쳐진 논과 밭들이 아지랑이 사이로 뿌옇게 다가온다. 언젠가 내 보금자리였고 다시 돌아가야만 할 것 같은 모습들이 푸근하고 정겹다. 이 고개를 넘어 처가(妻家)를 오간 지도 서른 해가 넘었다.

빈 집 같은 널찍한 마당에 들어서니 멍멍이가 반가워하며 펄펄 뛴다. 혼자되신 장인(丈人) 어른이 집을 간수하니 어수선하고 휑하다. 앙상한 호두나무는 마당 가장자리에서 대문을 지키고, 담벼락의 두릅나무순이 다 펴서 먹을 시기를 놓쳤다. 깔끔한 화단만이 평생을 업으로 삼으신 농업선생님의 흔적을 말해준다. 장독대 옆의 모란꽃이 붉게 막 봉오리를 터뜨려 우리를 반긴다. 장가오던 해부터 지금까지 줄곧 그 자리에서 봄을 맞고 있다.

검붉은 꽃 색이 신비롭다. 이미 무성하게 자란 이파리 사이로 커다란 꽃봉오리를 내밀고 있다. 모란은 진한 붉은색으로 아주 크고 탐스러워 귀한 티를 내는 나무다. 중국에서는 예로부터 모란을 '꽃 중의 제일'이라고 하여 '꽃의 왕' 또는 '꽃의 신'으로, 부귀를 뜻하는 식물로서 부귀화(富貴花)라고도 불렀다.

크고 화려한 꽃이지만 막상 향기는 없다. 그 향기가 없는 이유는 '너무도 아름다운 제 모습에 눈이 먼 향기가 다른 곳으로 갔을 것'이라는 어느 시인의 구절이 맞는 것 같다. 그래선지 향기를 쫓는 벌과 나비도 오지 않는 꽃이 되어버린 모양이다.

모란은 아득한 옛날부터 오랜 세월 동안 우리나라에서 꽃을 피웠다고 한다. 신라(新羅)시대의 선덕여왕이 중국의 당태종(唐太宗)이 선물한 모란의 그림을 보고 '꽃은 아름다우나 벌, 나비가 없으니 반드시 향기가 없으리라' 했다는 이야기가 전해오는 꽃이기도 하다.

작약과에 속하는 낙엽관목으로 전국적으로 분포되어 자생하고, 키는 1.5미터 정도 자란다. 줄기는 회갈색으로 가지가 굵다. 잎은 여러 갈래로 갈라지며 뒷면은 흰빛이 돈다. 꽃은 4~5월경에 피며 적색, 백색 등 다양하다. 중국이 원산지이며 한국에서는 꽃을 감상하거나 뿌리를 약으로 쓰기 위해 널리 심고 있다. 품종이 많은 나무로 양지 바른 곳에서 잘 자란다.

또 다른 이름으로는 목단(牧丹)이라고도 하며 약용식물로 이용되었다. 뿌리는 부인병에 없어서는 안 될 약재다. 두통이나 복통을 수반하는 여성의 월경불순 등에 애용되었다. 한방에서는 목단피(牧丹皮)라는 생약명으로 뿌리를 가을에 채취하여 약용한다. 각종 세균 억제, 혈압 강하, 통경(通經)의 약리 작용이 있어 약재(藥材)로 이용되고 있다.

활짝 핀 꽃 모양이 어느 꽃보다도 크고 복스러워 보이며 호화롭기도 하고, 아름다우면서도 야하지 않아 사랑과 관심을 많이 받았던 꽃이었다. 병풍 또는 액자의 그림이나 한옥의 벽장문 등에 모란 그림이 그려진 벽지를 붙였던 것으로도 미루어 짐작할 수 있다.

모란과 관련된 한시(漢詩) 한 편을 소개하고자 한다.

折花行(절화행)_꽃을 꺾어

牡丹含露眞珠顆(목단함로진주과)
진주알 맺힌 듯 이슬 머금은 모란꽃을

美人折得窓前過(미인절득창전과)
미인이 꺾어 들고 창 앞을 지나며

含笑問檀郎(함소문단랑)
살짝 웃음 띠고 낭군에게 묻기를

花强妾貌强(화강첩모강)
꽃이 예뻐요, 제가 예뻐요?

檀郎故相戲(단랑고상희)
낭군이 짐짓 장난을 치며

強道花枝好(강도화지호)
꽃이 당신보다 더 예쁘구려.

고려시대에 8천 수에 가까운 시를 남겼다는 백운거사(白雲居士) 이규보(李奎報) 선생의 시 일부다. 모란꽃에 비유한 젊은 남녀의 사랑을 읊은 시다. 천여 년 전에 이 공간에서 살다 간 선인(先人)의 감정을 나타낸 시구로 현대인의 감정과 변함이 없다.

따가운 햇살에 터질 듯한 꽃봉오리와 탐스런 꽃이 자랑하듯 서 있다. 옆에 있는 보리수나무의 작고 하얀 꽃이 민망하기까지 하다. 연이어 피고 지는 모란꽃이 며칠 간은 적막한 이 공간을 메워 줄 것이다. 변함없이 자리를 지키고 있는 목단이 그저 고맙다.

봄의 전령사 목련

30년 만의 추위가 실감나는 요즘이다. 제단에 올린 강신주(降神酒)가 잔 속에서 얼어 퇴주가 안 된다. 제주(祭酒)를 품에 안고 있다가 술잔에 따를 정도다. 산신령이 이 술을 어찌 잡수실 지 걱정이다. 등산모임에서 종산제(終山祭)를 지내기 위해 대모산(大母山)을 올라서 본 풍경이다. 산꼭대기에서 맞는 바람은 매서운 칼바람이다. 엉거주춤 서 있는 대원들이 빨리 끝냈으면 하는 눈치다. 사방에서 몰아치는 바람이 지방(紙榜)을 마구 흔들어댄다. 모자를 눌러 쓰고 제단 앞에 서 있는 모습들이 우스꽝스럽다. 축문(祝文)을 읽는 제관의 목소리만 경건하다. 몸도 얼고 음식도 얼어 음복(飮福)을 안 하고 부랴부랴 짐을 챙겨 하산 길에 오른다.

부지런히 내려와 산 중턱에 자리한 수련관의 양지녘에 자리를 잡았다. 보따리를 풀어 음식을 나누며 왁자지껄 덕담들을 나눈다. 반 병 남은 막걸리를 놓고 아우성이다. 장년(壯年)의 친구들이어선지 건강 얘기가 전부다. 건강엔 등산이 최고라며 주말마다 산을 타기 시작한 지도 벌써 3년째다. 덕분에 아직은 친구들도 모두 건강하다.

저 건너 병풍처럼 마을을 포근하게 감싼 구병산(九屛山)이 눈에 들어온다. 멀리서 보니 아늑하기까지 하다. 좀 전의 칼바람은 어느새 잠잠해졌고 수련관 뜰 앞에 따스한 햇살 한줌이 내린다. 바로 눈높이에 목련 꽃눈이 시야에 들어온다. 가지마다 붓처럼 뾰얀 꽃망울을 달고 하늘을 향하고 있다. 곧 피어날 듯한 통통한 모습이다. 꽃망울 속에는 이른 봄에 피어날 꽃잎들이 겹겹이 포개져 씨방을 끌어안고 있을 것이다. 꽃봉오리의 겉껍질은 하얀 솜털로 덮여 이 추운 겨울을 버틴다. 목련의 작은 나뭇가지 끝에도 치열한 생존의 몸부림이 있는 것이다. 엄동을 견뎌야만 피어나는 목련의 숙명. 이렇게 목련은 겨울 속에 봄을 담고 지내는 나무다.

목련은 세계적으로 널리 분포하는 낙엽교목으로 크고 아름다운 흰색 또는 자주색 꽃이 핀다. 우리네 정원에서도 쉽게 볼 수 있다. 꽃눈이 붓을 닮아서 목필(木筆)이라고도 하며, 또 다른 이름으로는 '이른 봄에 피어난다' 해서 영춘(迎春), 망춘화(望春花)라고도 불렸다. 키는 10~15미터 정도로 크며, 꽃은 4월 중순부터 잎이 나기 전에 핀다. 꽃잎은 백색이지만 그 아랫부분의 기부는 연한 홍색이고 향기가 있다. 열매는 원통형으로 길이 5~7센티미터 정도며, 씨앗은 타원형으로 길이 12~13밀리미터 정도고

껍질은 붉은색이다.

꽃말은 '이루어질 수 없는 사랑'이다. 옛날 어느 공주가 북쪽에 사는 사나이를 좋아했는데, 그 사랑을 이루지 못하고 생을 마감했다. 그 후 공주의 무덤에서 피어난 꽃이 목련이다. 목련꽃은 이렇게 가슴 아픈 전설이 있는 꽃이다. 그런 연유로 봉우리가 필 때 끝이 북쪽을 향한다고 해서 북향화(北向花)라고도 했다.

목련은 우리 선조들이 민간요법으로도 많이 이용해 온 약용식물이다. 꽃봉오리는 감기로 코가 막히고 콧물이 흐르는 증상의 치료에 이용했다. 또한 축농증으로 머리가 무겁고 코가 막히면서 기억력이 떨어지고, 코 안이 붓고, 호흡이 곤란하며, 누런 코가 많이 나오는 증상의 염증을 제거할 때 꽃봉오리를 물에 넣어 달여 마셨다. 그뿐만 아니라 목련의 나무 재질이 치밀하고 연하여 상(床)을 만들거나 칠기(漆器)를 만드는 데에도 이용했다.

한방에서는 목련의 꽃봉오리를 신이(辛夷)라는 생약명으로 약재로 이용하고 있다. 꽃봉오리에서 약간 매운 맛이 난다하여 붙여진 이름이다. 자목련이나 백목련의 꽃봉오리를 이른 봄에 꽃이 피기 전에 채취하여 말린 것이다. 이는 코점막(鼻粘膜)이나 자궁수축작용, 각종 세균억제의 약리작용이 있으며 특히 만성비염(鼻炎)으로 인한 증상을 치료하는 약으로 쓰고 있다.

이루지 못한 사랑의 한(恨)을 남기고 이승을 떠난 공주의 무덤에서 하얀 목련꽃이 피어나고, 또 다른 무덤에서는 자색(紫色)의 목련꽃이 피어났다고 한다. 가여운 운명에 이 추운 칼바람을 견디며 사시나무 떨듯 서 있는 목련이 의연하다. 그래도 봄엔 꽃으로 가장 먼저 계절을 알리는 봄의 전령사다. 이렇게 봄의 화신이기도 한 목련은 잎보다 꽃이 먼저 핀다. 겨우내 시달리고 기다리던 이파리를 만나지 못하고 그리움과 기다림을 간직한 채 꽃이 먼저 지는 것이다. 그래서 목련의 또 다른 꽃말이 '숭고한 정신'이다. 금년같이 춥고 긴 겨울이 빨리 지나 따스한 봄이 오길 목련과 함께 학수고대한다.

동글동글 빨간 열매 뮟대추나무

찬샘골의 가을 들녘은 전형적인 우리의 농촌 모습이다. 추수기에 바쁜 어르신들의 모습이 영락없는 어린 시절의 우리 부모님이다. 들판의 가을걷이를 지게대신 경운기로 옮기는 모습이 다를 뿐이다.

시내에서 불과 한 시간 거리도 안 되는 이곳은 푸근한 고향 모습이 그대로 있어 자주 찾는 곳이다. 몇 가구 안 되는 농촌 가옥이 그대로 있고 초가지붕에 슬레이트만 올린 모습이 어린 날 우리 집과 꼭 같다. 논바닥에는 짚더미가 널브러져 있고, 밭 가운데에 있는 들깨 더미며 아직 손길이 더 필요한 고춧대가 이랑에 그냥 서 있다. 돌담을 따라 죽 서 있는 감나무 위에 홍시가 까마득하다.

깻대에서 나는 은은한 향기는 어머니 품 냄새다. 머리에 수건을 질끈 매고 들깨를 털던 어머니, 너덜너덜한 보자기 위에 마른 깻대를 잡고 나뭇가지로 털어내던 그 어머니 모습이 희미하다. 이맘때면 들판에 이내처럼 번지는 구수한 들깨 향은 우리의 들녘에서만 맡을 수 있고 귀소(歸巢) 본능을 자극하는 독특한 고향 내음이다.

시간이 한가하여 대청호수가 내려뵈는 성황당 고갯길을 향해 동네 고샅길을 걸어보았다. 바쁜 수확철이라 휑하니 빈집이 많다. 개들이 모두 나와 이방인을 향해 짖어대니 동네가 시끄럽다. 주인이 없는 집을 지키려는 충견(忠犬)들이 대견하다. 졸졸 따라오며 멍멍거리니 밥값을 제대로 하는 놈들이다.

11월의 길옆 붉나무는 이미 잎을 떨어내고 앙상한 붉은 잎을 몇 개 달고 있다. 그 옆에 아직도 단풍이 덜 든 채 푸르고 빽빽하게 잎을 단 묏대추나무가 서 있다. 누렇고 붉은 열매가 다닥다닥 열려 금방 눈에 띈다. 밭둑을 따라 심어 놓은 벌거벗은 나무들 사이에 작은 묏대추나무는 독야청청(獨也靑靑)이다. 이미 서리도 몇 번 맞았을 텐데 이파리가 푸르고 싱싱하다. 열매만 불그스레 촘촘히 달려 있어 결실기인 것을 알 수 있다. 주변에서 흔치 않은 이 나무를 보니 반갑다.

묏대추나무는 갈매나뭇과에 속한 낙엽관목(灌木)으로 4~5미터 정도 자란다. 줄기 사이에 턱잎이 변한 큰 가시가 있고 작은 가지는 한 군데에서 여러 개가 나오며 일부는 떨어진다. 잎은 어긋나고 달걀모양으로 윤기가 나며 잎 가장자리에는 둔한 톱니가 있다. 꽃은 연한 녹색으로 5~6월에 핀다. 열매는 동그랗고 적갈색 또는 검은 갈색으로 익고 먹을 수는 있으나 과육이 적다. 묏대추의 열매는 동그랗고 일반대추는 타원형이다. 그래서 일반 대추나무의 속 씨앗은 양끝이 뾰족한데 비해 묏대추 씨앗은 동글동글하다.

나무도감 자료에 의하면 묏대추는 재배하던 일반 대추나무가 야생화한 것인지 원래 자생하는 야생종인지 불분명하다고 했다. 다른 이름으로 멧대추, 산대추, 살매나무라고도 불린다.

묏대추나무의 종자(種子)를 한방에서는 산조인(酸棗仁)이라 하여 약재로 사용한다. 가을에 성숙한 열매를 따서 과육(果肉)을 벗긴 후, 딱딱한 겉껍질을 제거하고 취한 속 씨를 약용한다. 진정(鎭靜)·최면(催眠)의 약리작용이 있어서 심신(心神)이 안정되지 않는 증상을 치료한다. 가슴이 두근거리고 정신이 흐리며 잠을 이루지 못하고 꿈이 많은 증상에 효과적이다. 신경쇠약 환자가 이 씨앗 볶은 것을 달여 먹으면 진정효과가 있어 잠을 잘 이룬다고 한다.

민간요법으로는 산조인을 볶아 가루 내어 진하게 달여 잠자기 전에 복용하면 불면증에 효과가 있었다. 《신농본초경》이나 《동의보감》에도 묏대추의 사용법이 기록 되어 있으며 먼 옛날부터 약용했던 나무다. 과실수로 재배하는 흔한 일반 대추나무와는 다르다. 일반 대추 열매는 가을에 채취하여 말린 것을 보익약(補益藥)으로 쓴다.

예로부터 몸이 단단한 사람을 대추방망이 같다고 하는데, 이는 대추나무의 단단하고 생명력이 강한 특성에 빗대어 하는 말일 것이다. 추위에 사그라진 다른 나무와는 달리 묏대추나무 이파리는 무성한 채 겨울 문 앞에서 건실하다. 탱탱한 열매도 일그러짐이 없이 일사불란하게 매달려 있다. 그 강인함이 사람 몸을 이롭게 하는 효력이지 싶다.

성황당 고갯마루에 우뚝 솟은 고목을 향해 인사를 하고 고개를 넘으니 쪽빛 하늘에 반사된 푸른 대청호수가 다가온다. 남색 천을 펼친 듯 검푸른 수면이 주변의 단풍을 새기고 있다. 식수원이니 관리가 잘 되어 더 깨끗해 보인다.

시야가 탁 트인 비석(碑石) 없는 무덤가에 앉아 망중한(忙中閑)을 즐긴다. 이곳에 누워계신 고인(故人)도 이 풍경을 즐길까. 저승에서도 이렇게 풍경이 수려한 곳에 계시니 또한 즐겁지 아니한가. 바람에 날리는 낙엽을 보며 엉뚱한 상상을 해 본다.

상수리나무의 누런 이파리가 하늘을 가르며 내지른다. 사람도 세월도 눈에 보이는 모든 것은 그렇게 가고 오고 흘러간다. 누구도 거역할 수 없는 자연의 시계 앞에서는 모두가 공평하다. 난 이 순간이 그렇게 행복하고 즐거울 수가 없다.

우연히 접어든 동네 고샅길에서 흔치 않은 묏대추나무를 만나고, 성황당 고갯길에서 성황신(城隍神)께 인사도 하고, 고갯마루 파수꾼인 유택(幽宅)의 주인과 함께 올해 단풍도 감상한 즐거운 하루였다. 뒤쫓던 강아지 부부가 먼발치에서 아직도 나를 감시하고 있다.

뫼등의 보라 꽃, 무릇

첩첩산중에 나무들만 무성하고 빼꼼하게 보이는 하늘로 흰 구름이 쏜살같다. 굽이굽이 능선을 따라 깊게 이어진 계곡은 물소리만 들리지 흐르는 물은 종적도 없다. 한참을 올라 쉼터에서 냇가를 내려다보니 까마득한 저 아래에 하얀 물보라가 이는 계곡물이 보인다. 깔막진 비탈에 오래된 적송(赤松)이 중심을 잡고 아슬아슬하게 버티고 서 있다. 시원한 바람이 모자를 날릴 정도로 더운 가슴을 쓸어준다. 휴가차 십 년 만에 찾은 불영(佛影)계곡은 여전하다. 산도 나무도 그대로인데 나만 구름처럼 흐르다 돌아온 것 같은 감회가 인다. 그렇게 깊은 계곡을 따라 달리다 보니 춘양이 나온다. 춘양목(春陽木)으로 알려진 곳이다.

춘양에서 지름길을 찾아 영월로 향한다. 지금은 계절이 좋으니 괜찮겠지만 눈이라도 오는 겨울은 이동이 편치 않을 것 같다. 내리 계곡을 따라 꼬불꼬불하고 오르내림을 반복하는 이차선 도로는 약한 눈발에 날씨라도 추워지면 꼼짝없이 발이 묶일 것 같다. 이 산을 넘으면 되겠다 싶으면 더 큰 산이 나오니 갈수록 태산이란 말이 저절로 나온다. 고갯마루를 올라 아래를 내려다보니 까마득하다. 계곡을 겨우 빠져나가니 김삿갓면(面) 간판이 보인다. 역사의 인물을 지역의 공식 명칭으로 사용하니 특이한 일이다.

김삿갓의 문학관과 유적지를 보고자 찾는 길도 굽이굽이 먼 계곡이다. 구불구불한 이 길을 그 옛날에 어찌 찾아 들었을까. 조부(祖父)의 잘못으로 어머니의 손에 이끌려 곳곳을 헤매다 이곳으로 흘러들었을 이백 년 전의 김삿갓 모습이 그려진다. 조상에 대한 자책감으로 평생 삿갓을 쓰고 살았다는 방랑시인 김삿갓. 처음 찾는 곳이지만 왠지 익숙한 느낌이다. 넓은 묫자리도 인상적이다. 잘 다듬고 관리된 잔디가 깔끔해 보인다. 그 봉분(封墳)의 용머리 앞으로 무릇 꽃이 듬성듬성 피어 눈길을 끈다. 뾰족하게 솟은 꽃자루 위에 연한 보랏빛의 꽃들이 매달려 하늘거린다. 푸른 잔디를 배경으로 꽃 색깔이 대조되어 눈에 금세 들어온다. 이승에서 이루지 못한 꿈을 저승에서 이루고 있음을 보라색으로 전해주고픈 시인의 마음은 아닐까. 깊은 산 중에 저절로 핀 무릇 꽃은 영락없는 김 시인의 분신이라는 생각이 든다.

무릇은 들에 흔히 자라는 여러해살이풀로 백합과 식물이다. 키는 무릎 정도로 자라고 잎은 유선형으로 봄과 가을에 두 차례 두 개씩 나오며 끝은 뾰족하고 털이 없다. 봄에 나온 잎은 여름에 말라버리고, 선형(線形) 잎은 보통 2개가 마주 나온다. 꽃은 7~9월경에 길게 올라온 꽃대 위에 자색(紫色)으로 이삭처럼 모여 피는데, 아래쪽에서부터 위쪽으로 피어 올라간다. 뿌리는 달걀형의 비늘줄기[鱗莖]로 외피는 흑갈색이며, 비늘 모양의 뿌리 아래로 수염뿌리가 달린다. 봄철에 어린 싹과 뿌리를 캐어 나물로 식용한다. 다른 이름으로 물굿, 물구지라고도 부른다. 이름이 비슷한 수선화과의 꽃무릇(石蒜)과는 다른 풀이다.

《한국본초도감》에 의하면 비늘줄기와 지상부를 면조아(綿棗兒)라는 생약 이름으로 약용하는데, 심혈관 계통에 강심(强心)효과를 나타내는 약리작용이 있다. 유방염이나 피부가 헐어 생긴 창독(瘡毒)과 머리의 창진(瘡疹)에 짓찧어 환부에 붙이면 효과가 있다. 지상부를 달인 물은 치통(齒痛), 근육과 골격의 동통(疼痛), 타박상을 낫게 한다.

민간요법으로는 말린 알뿌리를 물에 달여 복용하면 팔다리나 허리가 쑤시고 아픈 증세에 효험이 있었다. 또한 종기나 유방염 등에 생 알뿌리를 짓찧어서 환부에 붙이면 나았다. 이른 봄에 잎과 알뿌리를 캐어서 장시간 졸이면 단맛이 있어 먹을 수 있는데, 옛날 농촌의 기근(饑饉) 시절에 구황식품으로서도 귀중한 나물이었다.

어린 시절 가물가물한 기억이 있다. 아마도 보릿고개였지 싶다. 아랫집 만식이 엄마가 배가 고파 칭얼거리는 나를 데려다 시커먼 가마솥의 멀건 풀죽을 퍼 주었다. 그때 먹은 사기그릇 속의 달짝지근한 죽 맛을 지금도 잊을 수가 없다. 훗날 어머님 생전에 확인했더니 무릇죽이었다. 어머닌 무릇나물은 사람을 살리는 먹거리라고 하셨다. 이렇게 무릇은 봄철에 양식이 바닥나고 먹고 살기 힘든 때에 우리에게 먹거리를 제공했던 풀이었다. 영월의 깊은 산골에서 흐릿한 옛 추억이 가슴을 후빈다.

깊은 산골에 길을 내고 관광객을 불러오는 상품화가 식상하기도 하지만, 그래도 이렇게나마 볼 수 있어 다행이다. 돌에 새긴 시(詩) 내용들을 보니 뜬구름 같이 살던 김삿갓의 혼(魂)이 담겨 있다. 이렇게 척박한 곳에서 오로지 생존이 문제였던 시인의 고뇌는 어떤 것이었을까. 나뭇가지로 이어 흙으로 만든 초라한 집터를 보며 불과 이백여 년 전에 살다 간 한 시인의 한(恨)이 전해오는 듯하다.

마음 따라 훌훌 떠난 여행길에 접어든 강원도 산골, 우연한 기회에 우연히 만난 옛 시인의 무덤가에서 만난 풀꽃 한 포기가 눈가에 어린다. 평생을 방랑했던 김삿갓 시인의 회한이 담긴 시 한수를 읊조려 본다.

푸른 하늘 웃으며 쳐다보니 마음이 편안하건만
세상길 돌이켜 생각하면 다시금 아득해지네.
가난하게 산다고 집사람에게 핀잔 받고
제멋대로 술 마신다고 시중 여인들에게 놀림 받네.
세상만사를 흩어지는 꽃같이 여기고
일생을 밝은 달과 벗하여 살자고 했지.
내게 주어진 팔자가 이것뿐이니
청운이 분수 밖에 있음을 차츰 깨닫겠네.

가을녘 봉황새 물봉선

주말에 늦은 아침을 먹고 산행을 나섰다. 멀리 푸른 대청호가 가을 물빛으로 선명하다. 더운 여름날을 견디고 결실을 맺기 위한 마지막 해바라기를 하는 풀과 나무들이 대견스럽다. 가을 냄새가 물씬 풍기는 산속은 주말산행을 즐기는 사람들로 분주하다. 그 산길 능선을 따라 죽 피어있는 물봉선이 마치 축제 한마당을 펼친 듯 환하게 반긴다.

나무 밑 음지에서 낮은 키의 꽃들이 옹기종기 모여 잔치를 벌이고 있다. 참취·고마리·망초·수크령·미역취·쑥부쟁이 등이 어우러져 저마다의 모습을 자랑하고 있다. 물봉선은 나즈막한 키에 화려하진 않다. 물기를 많이 머금은 줄기는 반투명하여 연약해 보인다. 여러 잡초들 틈바구니에서 그 작은 줄기에 이파리를 펴고 힘겹게 서 있다. 그래도 햇빛에 드러나면 붉고 고운 빛의 참모습을 보여준다. 가을빛에 반사된 가지 끝의 꽃들은 볼수록 소박하다. 꼭 빛바랜 색동저고리를 깨끗이 손질하여 입은 우리 누님들의 순수한 모습 같다.

가을 들풀을 사진기에 넣으며 열심히 초점을 맞춘다. 이름 모를 풀과 꽃들이 더욱 싱싱하고 청초하다. 가을날의 짧은 햇빛을 잠시라도 더 받으려는 몸부림같이 하늘거린다. 지나는 이들과 꽃 이름, 나무 이름을 서로 묻고 감상하다 보니 걸음이 더디다. 하지만 가을 들녘을 배웅 나온 내게 시간이 그리 중요하진 않다. 천천히 많은 풀과 나무, 들꽃들을 마주하는 이 순간이 무엇보다 소중하다. 우주의 섭리는 한 치의 오차 없이 이렇게 계절을 돌려놓는다.

물봉선은 봉선화과에 속한 한해살이풀이며 우리나라 전국의 산골짜기나 시냇가 습지에 분포한다. 키는 60센티미터 정도로 작은 키로 자란다. 잎은 유선형으로 어긋나며 가장자리에 뾰족한 톱니가 있다. 꽃은 8~9월에 홍자색 또는 노란색, 흰색으로도 피며 꿀주머니가 꽃 뒤쪽에 달팽이관처럼 말려있다. 가지 끝의 긴 꽃대에 매달려 중심을 잡으며 수평을 유지하고 있는 모습이 특이한 꽃이다. 열매는 성숙하면 탄성으로 터져 씨앗이 멀리 퍼진다. 다른 이름으로 야봉선화(野鳳仙花)·물봉선화로도 불린다.

습한 곳을 좋아해서 물봉선이란 이름을 지닌 이 풀은 꽃의 생긴 모습 때문에 눈길을 끄는 식물이다. 꽃의 뒤에 있는 꼬리처럼 말려 있는 거(距)란 기관은 꿀이 있는 곳이다. 이는 꿀샘 안내 표지판인 셈인 동시에 꽃이 수평으로 달려있게 균형을 잡아준다.

그렇게 좌우대칭을 잡은 꽃은 진화(進化)가 잘 된 식물이라 한다. 또 곤충들이 와서 꿀을 빠는 동안에는 앉을 자리도 필요한데, 그래서 꽃의 아래쪽이 넓고 크다고 한다. 곤충의 몸에 알맞게 설계되어 꿀을 따러 들어올 때 몸에 꽃가루가 완벽하게 묻도록 되어 있다. 수정은 곧 자손의 번식과 연결되는 중요한 일이다. 살아있는 자연의 만물은 이렇게 합리적으로 발전해 나가기 마련인가 보다.

자료에 의하면 물봉선에 대한 유효성분이나 약리(藥理) 및 임상적 연구는 되지 않고 있으나 민간약으로는 널리 이용되어 왔다고 한다. 한의학 자료에 동속(同屬)식물인 봉선화의 씨앗은 급성자(急性子)라 하여 난산(難産), 고기중독의 해독약(解毒藥)으로 이용되었는데, 물봉선도 약성이 차고 써서 악창(惡瘡)과 궤양에 풀 전체를 짓찧어 환부에 붙이면 효과가 있다고 했다. 민간에서도 종기나 짓무른 피부욕창에 사용하면 살이 상(傷)하는 것을 막았다고 한다. 봉선화 씨앗의 효능과 같은 해독(解毒) 작용을 하는 약재로 이용했던 풀이다. 독성이 있는 약재로 분류하여 외용(外容)으로만 사용하고 먹지는 않았다고 한다.

꽃잎의 생김새가 '신선(神仙)이 타고 다닌다는 봉황(鳳凰)새를 닮았다' 하여 새 봉(鳳)자와 신선 선(仙)자를 따서 물봉선이라는 이름을 달게 되었다고도 전하는 재미있는 풀이다. 주변에서 흔하게 볼 수 있고 또 귀한 이름도 갖고 있는 우리 고유의 야생화다.

가지 끝에서 내민 긴 장대에 매달려 인디언의 뿔 나팔처럼 생긴 꽃을 달고 대롱거리는 모습이 신기하다. 비록 한 해만 살다가지만 자신의 종족번식을 위한 노력이 지고지순한 풀이다. 산등성이의 습한 음지에 파묻혀 있지만 붉고, 노란, 흰색의 꽃이 어우러진 모습은 보면 볼수록 가슴을 설레게 하는 꽃이기도 하다.

어느덧 석양이 드리운다. 오솔길 같은 등산길에서 가을 문턱을 실컷 밟아보는 하루였다. 산등성이의 풀꽃을 친구삼아 사진기에 맘껏 담아보는 즐거운 산행이었다. 때를 놓친 게으른 꿀벌들이 꽃잎에 매달려 바둥거린다. 조금 남은 햇빛을 한줌이라도 놓치지 않으려는 듯 꽃잎은 방향을 서쪽으로 돌린다. 연약한 들풀 한 포기에도 우주가 있음을 새삼 느낀다.

파란 물감, 물푸레나무

새해도 벌써 두어 달이 훌쩍 지났다. 심난한 마음이 겨울 날씨만큼이나 스산하다. 생각이 깊어질수록 산 넘어 산이다. 이젠 쉬어야겠다는 마음보다는 장차 어찌 지내야할 것인가가 고민이다. 딱히 뭐 좀 해봐야겠다는 대상을 찾기가 수월하지 않다. 젊은 날부터 평생을 지내온 직장에서 물러나 이젠 집에서 쉬는 친구들이 하나 둘 늘었다. 그 친구들이 공허한 마음을 채우려는 공감대가 있어 자주 전화도 하고 만난다. 십 수 년 전 창졸지간에 직장을 잃고 방황하던 내 지난날들이 주마등(走馬燈)처럼 스친다.

오늘은 친구들과 수통골 주차장에서 만나기로 했다. 가벼운 산행 준비를 하고 시내버스에 몸을 실었다. 차창으로 지나는 풍경은 여전하다. 변한 건 나뿐이다. 대학교 정문을 지나며 분주하게 오가는 학생들은 지난날 내 모습이다. 오늘의 나는 초로(初老)에 들어 내리막길에 가속이 붙은 셈이다. 아직도 자식들과 건강 걱정을 하며, 지금의 나를 지키기에 숨이 벅차다. 인생은 늘 이렇게 고민하며 살아야 하는가 보다. 삶 자체가 스트레스인 셈이다. 그마저도 즐기며 살아야 보람 있게 지낼 것 같다.

눈발이 날린다. 평일이라 그런지 사람들도 뜸한데, 그 또한 아낙네들이 절대적이다. 그만큼 삶이 여유 있고 건강관리에 열중하는 사람들은 아무래도 여인들인 것 같다. 친구들과 잡담을 하며 가벼운 발걸음을 옮긴다. 흐르는 물도 적고 그래선지 도랑은 얼음판이다. 주변의 풀들은 삭정이 같이 말라 제 빛을 잃었고 낙엽나무들은 앙상한 가지뿐이다. 소나무만이 도도하게 푸르름을 유지하고 서 있다. 계곡을 따라 부는 바람이 소나무를 스치며 가지를 흔든다. 그런 배경을 장식하며 내리는 흰 눈이 풍치를 더한다.

이곳도 한참 만에 온 것 같다. 계곡 도랑을 따라 오솔길도 만들고 둑을 쌓아 시민들의 등산길도 다양해졌다. 몇 해 전 기억 속에 있는 풍경이 차라리 나은 것 같다. 자갈 계곡을 거슬러 지나던 옛길이 더 정겹지 싶다. 그래도 시민들의 안전과 편의를 위해 개발한 것이니 나무랄 것은 없다는 생각을 하며 계곡 쪽으로 발걸음을 옮긴다.

계곡을 따라 하산 길에 앙상한 나무들 사이로 껍질이 얼룩진 나무가 눈에 띈다. 나무줄기에 희뜩희뜩하고 불규칙한 타원형의 무늬가 곳곳에 그려져 있다. 물푸레나무다. 봄이면 연녹색의 이파리로 눈의 피로를 씻어주고, 한여름엔 길쭉한 겹잎으로 그늘을 만들어 시원하게 해주는 나무다. 둥근 원목줄기에 희끗희끗한 무늬를 만드는 특이한 나무로 어렸을 적 머리에 생기던 피부병인 기계충 생각을 나게 한다.

물푸레나무는 물푸레나뭇과의 낙엽교목으로 높이 15미터까지 자란다. 겨울눈이 회색으로 새 가지 끝에 달린다. 가지 끝의 겨울눈에서 나오는 잎은 마주 나며 작은 잎이 대여섯 개 모여 이루어진 겹잎이다. 이 나무는 잎 모양이 다양하게 나타나는 게 특징이다. 끝은 뾰족하거나 둥글고 밑 부분은 쐐기형이며 가장자리에는 물결 모양의 얕은 톱니가 있다. 꽃은 연녹색으로 4~5월경 새로운 가지 끝에 모여 달린다. 꽃잎은 없고 컵 모양인데 암수한그루 또는 암수딴그루인 것도 있다. 열매는 긴 타원형으로 가을에 익는다.

한의 자료에 의하면 물푸레나뭇과에 속한 물푸레나무 · 쇠물푸레 · 들메나무 등 동속(同屬) 식물의 가지 및 줄기 껍질을 약용한다. 봄이나 가을에 껍질을 벗겨 말린 것을 진피(秦皮) 또는 진백피(秦白皮)라 하여 약재로 쓴다. 소염 · 진통 작용, 뇨산(尿酸)의 배설 촉진, 진해 · 거담 작용이 현저하고, 황색포도상구균을 억제하는 약리 작용이 있다. 그 효능으로는 세균성 이질(痢疾), 여성의 대하증에 약용하면 효과가 높다. 만성기관지염, 간열(肝熱)로 인한 눈의 다래끼, 눈의 충혈에 달여서 환부에 바르면 효과가 있다.

민간요법으로 물푸레나무는 선조들에게 눈병에 효과가 있는 약물이었다. 눈의 충혈, 결막염 등 일체의 눈병에 이 나무껍질의 달인 물로 씻으면 효과가 있었다. 눈이 침침하고 어두울 때 이용하면 시력도 좋아지고 눈병의 예방에도 좋았다. 이를 입증이나 하듯 《동의보감》에는 "나무를 우려내어 눈을 씻으면 정기를 보하고 눈을 밝게 한다. 두 눈에 핏발이 서서 시리고 아픈 것과 바람을 맞으면 눈물이 계속 흐르는 것을 낫게 한다."라고 쓰여 있다. 또한 통풍(痛風)에도 나무 달인 물로 찜질을 하면 잘 나았다.

물푸레나무는 그 이름에서 알 수 있듯이 나뭇가지나 껍질 또는 나무 태운 재를 물에 넣으면 물이 푸르게 변하기 때문에 붙여진 이름이다. 그래서 재를 염료(染料)로 사용하기도 했는데, 산속에 사는 스님들의 옷을 이 잿물로 염색했다고 한다. 그러면 색이 바래지도 않고 오랫동안 지속된다. 그래선지 물푸레나무 달인 물로 먹을 갈아 글씨를 쓰면 천 년을 지나도 변치 않는다고 한다.

물푸레나무는 전국의 어디서나 잘 자라는 나무다. 물을 푸르게 하는 나무라 하여 수청목(水青木)으로도 불린다. 나무질이 단단하고 탄력이 좋아 옛날에 농기구로도 많이 이용되었다. 농촌에서 수확철에 곡식의 낱알을 터는 데 쓰던 도리깨의 발을 주로 이 물푸레나무로 만들었다. 그밖에 소의 코뚜레나 도끼자루 등의 농기구에 사용했다. 나무의 질이 단단한 특성을 이용한 선조들의 지혜다. 오늘날엔 운동기구인 야구방망이의 재료로 쓰인다고 한다.

겨울에 앙상한 나무들 사이에서 물푸레나무를 발견하는 것은 쉽다. 나무껍질이 군데군데 하얗게 변하기 때문이다. 한여름이면 산을 찾는 이에게 시원한 그늘을 주고 푸른 이파리는 답답한 가슴을 쓸어줄 것이다. 어느 작가는 이 물푸레나무를 이렇게 읊었다. "제 몸을 다듬어 옻칠로 단장을 한 후, 제기(祭器)로 태어나 후손을 찾는 영혼들의 배를 불려주고, 발우(鉢盂)로 태어나 선승들의 주린 배를 채워주며, 타고 남은 재는 옷자락을 푸르스름한 잿빛으로 물들인 후 생을 마감한다. 마지막 타고 남은 영혼까지도 다 주고 떠난다."고.

계곡을 타고 내려오는 바람이 매콤하다. 눈발도 잦아들어 얼음 위에 흔적만 남기고 그쳤다. 개울을 따라 내려오는 길옆의 나무 군락에서 희끄므레한 나무줄기의 물푸레나무를 우연히 봤다. 그냥 스쳐 지나쳤지만 무늬 모습이 마음에 잔상(殘像)으로 남는다. 흔하고 그저 보통의 나무들과 다름없지만 하나하나 새겨보면 보통 이상의 이야기들이 많이 있다. 아마도 자연은 사람과 교감하며 무언(無言)의 메시지를 전하려 하는데 우리는 무심하기만 한 것이 아닌가 싶다. 느릿한 마음으로 친구들과 지낸 평일의 망중한(忙中閑)이 그저 편안하고 여유롭다. 행복한 하루였다.

생명력이 강한 민들레

말목재를 넘어 화산으로 가는 길은 구불구불, 여유가 있다. 양옆으로 펼쳐지는 산등성이와 그 길이 평행을 이룬다. 도로 옆으로 늘어선 밭과 논은 전형적인 시골 모습이다. 이따끔 보이는 초라한 지붕과 헛간들이 고단한 농촌의 모습을 보여준다. 외가에 가려면 이 비포장 길을 버스로 힘겹게 지나야 했다. 지금은 승용차로 반시간이면 갈 수 있는 이 길이 어린 날은 지겹게도 멀었었다. 경쟁하듯 피어나는 노란 민들레, 따스한 햇살을 머리에 인 봄나물들도 질세라 계절을 알린다.

한적한 곳에서 차를 세우고 밭가로 나가보았다. 광대나물 사이로 노란 민들레가 바쁘게 꽃대를 세워 꽃을 피우고 있다. 꽃대궁도 예전처럼 길지 않고 무척 짧다. 이파리 사이에 꽃을 안고 피어있는 모습이 서양민들레 같다. 이른 봄에 납작한 몸매로 땅거죽에 붙어 퍼지는 민들레는 움츠린 우리의 모습을 닮은 듯하다. 화려하지는 않지만 끈질긴 생명력을 가진 풀이다. 밟히면 밟힌 대로 피어나는 적응력도 다른 식물과 비교할 바가 아니다. 자라는 환경에 상관없이 어디든지 뿌리를 내리는 식물이다.

민들레를 이야기한 시 한편이 생각난다.

찢어진 가슴, 언 땅을 부여안는다.
서럽게 노란 꽃이 피어난다.
추운 이 땅에 내 꿈을 펼 수는 없다.
젖 먹던 힘 다해 하늘 높이 솟대 세운다.
-중략-
덩덩 덩더꿍 찬란히 신이 내린다.
서러운 꿈이 솟아오른다.
산산이 흩어져 하늘로 날아간다.
멀리 날라가거라.
가장 작은 내 꿈을 모두 네게 걸었으니.

김종태 시인이 민들레를 읊은 시 한 구절이다. 불편한 몸으로 전국을 돌아다니며 야생화를 찍고 쓴 시다. 길가에 있는 앉은뱅이 같은 풀, 나약하고 왠지 서글퍼 보이는 꽃. 보잘 것 없는 내 존재가 서러웠다는 작가의 마음에 공감이 간다. 외갓집 가는 길목에서 지난날의 감상에 젖어 민들레를 만난다.

민들레는 국화과의 여러해살이풀이다. 잎은 날개깃처럼 갈라졌으며 이른 봄에 뿌리에서 모여 나와 땅 위를 따라 옆으로 퍼진다. 노란색의 꽃이 4~5월에 두상(頭狀)꽃차례를 이루어 피는데, 이 꽃차례는 잎 사이에서 나온 꽃줄기 위에 길게 만들어진다. 열매는 납작하게 흰색 갓털[冠毛]이 있어 바람이 불면 쉽게 날려간다. 산과 들의 양지바른 곳에서 흔히 자라지만, 요즘에는 외국에서 들어온 서양민들레를 더 흔히 볼 수 있다. 서양민들레는 토종과 거의 비슷하나, 꽃차례를 감싸는 꽃받침대(총포) 중 바깥쪽에 있는 부분이 뒤로 젖혀지는 특성이 있다.

뿌리가 땅속 깊이 자라기 때문에 짓밟혀도 잘 죽지 않으며, 줄기가 부러지면 하얀 즙(汁)이 나온다. 민들레를 고채(苦菜)라고도 부르는데, 매우 쓴 맛이 있기 때문에 붙여진 이름이다. 이밖에도 지방에 따라 안질방이 · 도끼밥 · 씬나물 · 씬냉이 · 민달레 등 여러 가지로 부르고 있다. 이상화의 〈빼앗긴 들에도 봄은 오는가〉에 나오는 '맨드레미'도 외국에서 들여와 뜰에 널리 심는 맨드라미가 아니라 민들레를 부르는 사투리라고 한다.

민들레는 이른 봄에 어린잎과 줄기를 캐서 먹는 나물이다. 쓴 나물은 봄철 입맛을 돋워 겨우내 움츠렸던 몸기운을 왕성하게 해주는 효능이 있다. 맛이 매우 쓰지만 건강에는 좋은 음식이다. 옛날 우리의 식탁에 올라 건강을 챙겨주던 좋은 보약이기도 했다. 그리고 뿌리를 이용하여 만든 민들레차(茶)는 공해 독에 시달리는 현대인의 몸에 아주 유용한 음료로 많이 이용되고 있다. 민간에서 민들레는 벌레나 독충에 물렸을 때 짓찧어 발랐고, 얼굴의 기미나 검버섯에 잎의 흰 유액을 바르면 좋아진다고 했다. 또 이 풀은 줄기를 자르면 하얀 액체가 나오는데, 이는 손사마귀를 없애는데 특효약이었다. 한방에서는 포공영(蒲公英)이란 생약명으로 약용(藥用)한다. 각종 세균의 억제 작용이 있고, 위(胃)를 보호하며, 담즙(膽汁)의 분비를 촉진하여 간(肝)질환에 효과가 있어 처방에 이용되고 있다.

우리나라 전국의 산 · 들 · 논둑 · 길옆 · 마당 귀퉁이 어느 곳에도 뿌리를 내리는 생명력이 강한 약초로, 나물로, 우리에게 친근한 민들레. 그래선지 예로부터 민중의 꽃으로 불리고 민중의 약용식물로도 손색이 없는 풀이었다. 따스한 봄이 오는 길목, 외가로 향하는 그 길목에서 만난 민들레가 정겹다. 텅 빈 집터만이 있는 그곳에 가고 없는 그분들이 생각나서 가끔은 지나는 길이다. 내게 노란 민들레꽃은 그리움이다.

부들부들 부들

굽이치는 대청댐 하류의 노산1구에 작은 절이 하나 있다. 대중들에게 자비(慈悲)를 베풀며 묵묵히 성직자(聖職者)의 길을 걷는 이 절의 스님이 존경스러워 난 가끔씩 이곳을 찾는다. 댕그렁거리는 풍경(風磬) 소리에 마음이 차분해진다. 멀리 내려다뵈는 들판엔 까치와 까마귀들이 논바닥을 선회하며 먹이 찾기에 한창이다.

가을걷이가 끝난 논은 황량하고 삭막할 뿐이다. 절을 오가며 계절마다 바뀌는 자연의 모습은 사람의 삶과 같다는 생각이 든다. 태어나서 살다가 늙고 병들어 죽는 것은 자연의 순리이다. 오래 살려고 허겁지겁해 봐야 오십보백보란 생각이 든다. 그것을 알면 어떻게 살아야 하는지 답이 나오지 않을까. 그래도 하찮은 욕심으로 후회하고 어리석음을 반복하는 것이 사람인 것이다.

절 바로 아래에는 산에서 흘러내리는 물을 모은 웅덩이가 있다. 그 웅덩이에서 한여름이면 무성한 연잎 사이로 내민 연꽃이 볼만하다. 그 가장자리에 부들이 둥그런 둘레를 만들며 자란다. 둥근 잎을 있는 대로 펼치며 가운데를 차지한 연(蓮)과 묘한 대조를 이룬다. 연꽃에는 쳐지지만 줄기를 길쭉하게 내미는 푸르른 색이 그 나름대로 매력이 있다. 은은한 연녹색으로 계절의 변화에 순응하며 연과 함께 어우렁더우렁 살고 있다.

부들은 부들과에 속하는 여러해살이풀로 개울가나 연못의 습지에서 잘 자란다. 뿌리줄기가 옆으로 뻗으며 키는 2미터 정도다. 잎은 선형(線形)으로 밑 부분은 줄기를 감싼다. 꽃은 7월경에 노란색으로 줄기 끝에 무리지어 핀다. 꽃차례는 긴 타원형이며 적갈색으로 꼭 소시지처럼 생겼다. 늦가을에 열매가 충분히 익으면 종자를 날리기 위해 솜사탕같이 부풀어져 나온다. 바람에 의해 터진 종자는 털이 붙어 있으므로 하늘을 날아 내려앉는데 마치 하얀 눈과 같다. 다른 이름으로는 꽃가루가 적갈색이어서 향포(香蒲), 포초(蒲草)라고도 부르며 냄새가 좋다.

이 풀은 환경만 적합하면 잘 자라며 질기고 탄력성이 있다. 그래서 말린 잎으로 끈을 만들어 썼으며, 키가 크기 때문에 옛날에는 돗자리·방석·도롱이 등을 만드는데 사용했다. 이 잎을 말리면 부들부들해져서, 또는 꽃가루받이가 솜털처럼 일어날 때 부들부들 떨며 부풀어서 부들이라는 이름이 생긴 것이란다.

한방에서 부들을 포황(蒲黃)이라 하여 약재로 쓴다. 부들의 꽃이 피어날 때 꽃가루를 채취하여 건조한 것을 약용한다. 이것은 혈액응고 시간 단축의 약리 작용이 있어 지혈(止血)약으로 사용된다. 또 이뇨 작용이 있어 방광염에 응용되며, 부인병에도 효과가 뛰어나다.

민간요법으로는 흰 솜털 같은 섬유질을 화상(火傷)의 환부(患部)에 붙이면 통증이 없어지는 효능이 있으며, 타박상의 상처에도 지혈 효과가 있다. 또한 곪은 상처에 꽃가루를 뿌리면 상처가 빨리 아물어 염증치료제로 썼고, 잇몸 출혈이나 치질(痔疾)에도 꽃가루를 이용했다.

부들은 약재로도 유용하게 쓰이지만 최근에는 습지식물의 특성상 하천(河川)의 수질(水質) 정화용으로 갈대와 함께 쓰이며, 물의 여과재 역할도 한다고 한다. 또 군락을 이루기 때문에 물의 흐름 조절도 하고, 새들의 안식처가 되어 생명체를 기르기도 한다. 아울러 꽃의 독특한 아름다움이 있어 꽃꽂이용으로도 인기가 있어 많이 이용되고 있다. 지나치기 쉬운 풀이지만 살펴보면 아주 유용하고 이용가치가 높은 식물이다.

이 풀이 사람의 주변에서 활용된 것은 아주 오래된 듯하다. 자료에 의하면 부들의 꽃가루를 약(藥)으로 사용한 것은 중국의 먼 옛날 신농(神農)씨부터라고 한다. 《동의보감(東醫寶鑑)》에는 낙마(落馬) 등으로 상한 어혈(瘀血)의 통증에 부들의 싹으로 만든 오래 묵은 돗자리를 달여 먹으면 효과가 있다고 했다. 그리고 오늘날에는 부들 화분(花粉)의 추출물이 혈전용해(血栓溶解) 효능이 뛰어나 고혈압·중풍과 같은 성인병 예방과 치료에도 응용이 가능하다하니 선조들의 지혜가 감탄스럽다.

바싹 말라 비틀어져 누렇게 변한 부들 줄기에 흰 눈이 쌓여

까부러져 있다. 한해의 몫을 다하고 열매를 맺은 흰 솜털이 꽃대 위에서 바람에 흩날리고, 그 옆에 검게 변한 연밥이 키 재기를 하고 있다. 처절한 모습이지만 또 다른 생명을 잉태하고 있는 것이다. 사계(四季)의 마지막 한겨울 복판에 서있는 부들이 정처 없는 삶을 돌아보게 한다. 처마의 풍경 소리가 은은하다.

늘씬한 미녀 부용

가끔씩 야외수업 장소로 옥천의 부소담악(芙沼潭岳)을 찾는다. 봄·여름·가을 내내, 그리고 엊그제 소설(小雪)에 문화센터에서 내 강좌의 마지막일 것 같은 현장수업을 이곳으로 택했다. 대청호 물결과 어우러져 절경을 이루는 곳이다. 가뭄으로 물이 빠져 물 위로 드러난 절벽의 모습은 한 폭의 산수화(山水畵)다.

동네로 들어가는 언덕에서 잠시 머물러 먼발치로 본 풍경은 기괴할 정도다. 수면을 따라 병풍처럼 펼쳐진 절벽과 그에 기댄 소나무, 물 위를 기는 듯 용트림 같은 능선은 탄성을 자아낸다. 이 산봉우리는 댐이 만들어지기 전에는 높은 산새였을 것이다. 그 능선을 걸어보면 괴이한 바위와 거기에 버티고 서 있는 노송(老松)의 자태는 숨을 멎게 할 정도다.

봄의 연녹색 이파리와 5월의 신록, 성하(盛夏)의 검푸른 잎사귀, 대청호의 물결에 비친 형형 색깔의 고운 단풍까지 철마다 눈에 담았다. 특히 봄철 송홧가루가 물 위에 날려 빚어낸 금빛 자국은 신비의 세계에 온 듯하다. 그런 풍경이 이젠 참나무 이파리도 짙은 갈색에서 거무스레 변하며 겨울을 맞고 있다.

수위가 한참 낮아진 호숫가를 거닐며 한담(閑談)을 나눈다. 이렇게 약용식물 동호인들과 약초 이야기로 풀과 나무를 보며 보내는 시간이 소중하단 생각이 든다. 부소정(芙沼亭)을 오르는데 계단 옆에 진달래가 만발하여 눈길을 끈다. 그뿐이 아니다. 길옆에는 봄에 피는 광대나물·골담초·갈퀴덩굴·개나리가 꽃을 피워 계절을 무색케 한다. 이상(異常)기온의 영향이라고 다들 걱정이다. 어쨌든 철 지난 식물들의 꽃도 감상하니 즐겁다.

퇴색된 열매가 대롱거리는 산수유나무 옆에 앙상하게 마른 부용(芙蓉)이 옹기종기 모여 있다. 하얗게 바랜 꽃대에 열매를 달고 껑충하게 서 있다. 여름에 봤던 왕성한 줄기와 잎, 소박한 분홍빛의 커다란 꽃과는 대조적이다. 나무 같은 줄기와 대궁 위에 매달린 앙증맞은 열매가 부용꽃임을 금세 알 수 있다. 사람 키보다 더 큰 모습으로 다양한 색깔의 큼직한 꽃을 피워 눈길을 끄는 식물이다.

부용은 풀의 성질을 가진 아욱과의 반관목(半灌木)으로 분류된다. 중국이 원산지로 무궁화와 모습이 비슷하며 관상용으로 흔하게 심는다. 키는 3미터 정도 자라며 줄기에 털이 나 있다. 잎은 단풍잎처럼 갈라지고 꽃은 8월경 잎겨드랑이에 분홍색으로 피며, 아침에 피었다가 저녁에 진다. 열매는 구형(球形)으로 씨에도 흰색 털이 있다. 꽃이 크고 아름다워 화단에 많이 심는데, 연꽃을 닮아 이름도 부용으로 부른다고 한다. 꽃이 다 지고 열매가 맺힌 뒤에도 꽃꽂이로 이용된다.

한방에서 부용의 꽃과 잎을 약재로 썼다. 꽃은 종기에 연고로 만들어 바르면 잘 나았고, 불이나 뜨거운 물에 데인 화상에 가루를 내어 바르면 효과가 있다. 급성 세균성 감염이나 유행성 감기에도 사용했다. 또 잎은 상처나 종기에 고름이 생기는 화농성(化膿性) 감염증에 가루 내어 바르면 치유되고, 뜨거운 물에 데거나 유행성볼거리에 가루 내어 바르면 잘 나았다.

민간요법으로는 눈이 충혈되거나 염증이 생기는 결막염에 잎이나 꽃을 가루 내어 먹거나, 물에 달여 먹으면 효과가 있었다.

공원의 울타리나 길가에 주로 심어져 그저 지나치기 쉬운 식물이다. 대개 식물들의 꽃이 봄에 피지만 부용은 늦은 봄부터 늦여름까지도 꽃을 피운다. 그래선지 눈여겨보지 않으면 부용꽃인지 헷갈린다. 큰 키에 왕성한 줄기는 무슨 나무처럼 보인다. 언뜻 보면 접시꽃인지 무궁화인지 헷갈리고, 닥풀과도 비슷하다.

선인들은 부용(芙蓉)이라 하면 대개 연못에 핀 연꽃을 일컬었던 것 같다. 두 식물의 꽃이 비슷하지만 엄연히 다른 식물이다. 줄기에 비스듬히 매달려 큰 꽃잎을 지탱하느라 힘겨워 보이지만 가까이 보면 연꽃 못지않게 아름답다. 다양한 색으로 꽃을 피우지만 화려하지 않은 은은한 연분홍 꽃 색깔은 옛 누이의 적삼을 연상시킨다. 소박하고 수수한 꽃 색깔에서 고향의 어린 시절을 상기시키는 묘한 매력을 지닌 꽃이다.

대청호 상류의 풍경도 이젠 겨울 속으로 들어간다. 그래도 푸른 솔은 여전하다. 계절과 상관없이 늘 그런 모습을 유지하는 소나무도 또한 묘하다. 전반적으로 낙엽을 떨구고 제 몸만 서서 추위를 맞는다. 이랑의 무청도 된서리를 맞아 반투명한 녹색으로 변했다. 이미 얼어버린 모습이다.

봄부터 계절의 변화를 눈으로 보고 느끼며 드나든 곳이다. 그렇게 산천도 우리 몸도 변한다. 흐르는 시간 속에 산세(山勢)만은 여전하다. 이곳을 오가며 참 행복했다. '지금 이 순간이 극락(極樂)이요 천국(天國)이다'라는 생각이다.

가을 산 멋쟁이 붉나무

겨울이 깊숙이 들어와 대설(大雪)이 내일인데도 들녘의 나무와 풀들은 푸른색을 건장하게 유지하고 있다. 계절이 무색할 정도다. 아직 춥다는 생각은 별로 안 들지만 그래도 계절 체면이 있지 이렇게 절기가 이름값을 못하는 게 못내 수상하다. 한겨울에 '이상고온이니, 여름 장맛비 같은 빗줄기에 집중호우니', 하는 뉴스를 보면 예사롭지 않은 계절 변화다. 집안에 모기가 여름모기보다 더 따갑게 물어대는 것을 보면 이상기후임은 분명하다. 그래도 된서리를 맞은 나뭇가지의 잎들은 한여름에 화기(火氣)를 맞은 것처럼 억지로 말라 그나마 겨울임을 보여준다. 푸른 잎이 단풍을 건너뛰어 푸르게 말라버리니 어색하기 그지없다. 분명 단풍은 구시월에 지난 것 같은데 푸르름이 이정도니 의아하다. 고추가 다시 열리고 개나리 진달래 영산홍 꽃이 다시 피니 놀랄 일이다. 아직도 주변에는 푸른 풀색이 여전하다.

추부터널을 지나는 길목에서 올해 첫눈을 맞았다. 오전에 잿빛 하늘이던 우중충한 날씨가 첫눈을 내려준 것이다. 대설(大雪) 절기를 아는가? 싶어 반가웠는데 이내 시나브로 떨어지던 눈발은 그치고 만다. 아쉽다. 휴게소에 들러 차라도 한잔 해야겠다 싶어 들어서는데, 반달형의 터널 위에 붉은 단풍이 계절을 무시하고 오가는 이를 반긴다. 유난히 붉게 보이는 것이 틀림없는 붉나무다. 가을 들녘 산자락에서 유난히 붉은 단풍 색을 내는 나무다. 그렇게 가을에 빨갛게 물드는 단풍이 아름다워서 그 이름을 붉나무라고 지었다고 한다.

붉나무는 옻나무과에 속하는 낙엽소교목이다. 키는 7미터 정도로 크고, 잎은 잔잎으로 이루어진 겹잎으로 어긋나며, 잎 가장자리에 톱니가 있고 잔잎과 잔잎 사이에는 날개가 있다. 8~9월에 담황색 또는 흰색의 꽃이 암수 따로따로 피거나, 줄기 끝에 원추(圓錐)꽃차례로 무리지어 핀다. 열매는 핵과(核果)로 붉게 익으면 하얀 분가루가 덮고 있는 것처럼 보인다. 봄에 어린순을 데쳐 나물로 먹기도 하는데 유독(有毒)성분이 있으므로 주의해야 한다.

붉나무는 잎에 울퉁불퉁하게 생긴 벌레주머니가 있는데 이것을 약(藥)으로 쓴다. 붉나무에 기생하며 자라는 진딧물이 주머니처럼 생긴 벌레집을 만드는데, 겉은 울퉁불퉁하고 속은 비어 있거나 죽은 벌레와 벌레의 분비물이 들어 있다. 쉽게 깨지고 매우 떫은맛의 특이한 냄새가 나는 이 벌레집을 오배자(五培子)라 하며, 그래서 붉나무를 오배자나무라고도 한다.

한방에서는 이 오배자가 중요한 약재(藥材)다. 효능으로는 지사(止瀉)·소염 작용을 하며, 상처에서 피가 날 때 가루를 내어 환부에 바르면 혈액을 응고시켜 지혈 작용을 나타낸다. 또 항(抗)바이러스 및 항진균(抗眞菌) 작용도 있다. 나무의 뿌리는 감기의 해열작용을 하고 장염(腸炎)에도 쓰인다. 잇몸이 붓고 이빨이 아플 때, 잘 낫지 않는 습진, 심한 설사에 이 오배자를 민간요법으로 이용했다 한다.

문헌에 의하면 붉나무를 염부목(鹽膚木)이라도 썼는데, 이는 열매에 소금처럼 짠 맛이 나는 가루가 있기 때문이다. 열매가 익을 무렵에 하얗게 달라붙어 있는 가루가 시면서도 짠 맛이 난다. 그래서 옛날에는 바다에서 멀리 떨어진 산 속에 살던 사람들은 붉나무 열매를 물에 넣고 주물러서 그 물을 소금대신 쓰거나 간수대신 두부를 만드는 데 썼다고 한다. 이렇게 선조들은 산 속에서 살 때 소금이 떨어지면 붉나무 열매에 붙은 가루를 모아서 소금대신 썼다고도 한다.

일본에서는 붉나무를 금강장(金剛杖)이라고도 하는데 죽은 사람의 관에 넣는 지팡이를 붉나무로 만들었고, 시체를 화장한 뒤에 뼈를 줍는 젓가락도 붉나무로 만들었다고 한다. 붉나무 지팡이를 금강장이라고 한 유래는 불가(佛家)에서 붉나무를 신성하게 여겨 영목(靈木)이라 부르고 수행할 때 일체의 번뇌를 불살라 버리는 영험이 있다고 하여 스님들이 지팡이를 만들어 짚고 다닌데서 비롯되었다고 한다. 또한 불가에서는 붉나무를 호마목(護摩木)이라고도 하여 부처를 모신 불단에 붉나무의 진을 바르는 풍속이 있다. 그래선지 일본에서는 붉나무를 '칠한다'는 뜻인 '누루

데'라고 한다.

절기를 잊은 듯하던 날씨가 그나마 첫눈을 살짝 보여준 것이 기분 좋다. 그 길목에서 만난 붉나무가 왠지 상서로운 느낌을 준다. 이 겨울이 지나고 나면 뭔가 좋은 일이 일어날 것 같은 그런 하루. 내가 모르는 세상의 일들을 막연하게 꿈꾸어 보는 시간이었다.

야관문 비수리

비수리는 한문(漢文)으로 야관문(夜關門)이라고 부른다. 밤에 빗장을 풀어주는 약초라는 뜻이니 그 이름이 묘하다. 이것을 먹으면 '천리 밖에서도 빛이 난다'고 하여 천리광(千里光)이라고도 하며, 다르게는 그 효능이 아주 뛰어나서 '천리 밖에 있는 빛이 보인다'는 뜻이라고도 한다. 또 하나는 큰 힘을 나게 한다고 하여 대력왕(大力王)이라고도 부르고, '뱀을 쫓는다'고 하여 사퇴초(蛇退草)라고도 한다. 최근에는 뭇 중년 남성들 사이에서 이른바 천연 비아그라니 정력제(精力劑)로 불리며 입담에 오르는 식물이다.

이 풀은 옛날 시골에서 부엌이나 앞뜰을 쓰는 빗자루로 많이 사용했던 풀이다. 가슴팍 정도 자라면 뚝뚝 꺾어다가 묶으면 바로 빗자루로 사용이 가능하다. 솜씨 좋은 사람들은 길고 잘 휘어지는 줄기로 광주리나 대그릇 대용으로 바구니를 만들어 쓰기도 했다. 이렇게 비수리는 우리 주변에서 흔하게 볼 수 있는 풀이다. 밭 언저리나 비탈 같은 곳에서 무리 지어 자라는데, 뿌리의 흡착력이 강해서 비탈진 곳에 심으면 토사의 유출이 방지되기도 했다.

비수리는 콩과식물로 여러해살이풀이다. 키는 1미터 정도이고 반관목(半灌木)처럼 보인다. 잎은 3장의 잔잎으로 이루어진 겹잎으로 어긋나는데 줄기에 촘촘히 달린다. 작은 잎은 거꾸로 된 가는 피침형(披針形)이며 끝이 둔하거나 오목하고 뒷면에 털이 있다. 잎보다 작은 연한 노란색 꽃이 늦여름부터 이른 가을에 걸쳐 잎겨드랑이에 2~4송이씩 무리 지어 피며 때때로 꽃이 벌어지지 않는 폐쇄화가 달리기도 한다.

비수리는 약용으로 전하는 효능이 다양하다. 그냥 빗자루나 허접한 물건을 담는 그릇을 만드는 흔한 풀로 보이지만 여러 면에서 효능은 아주 뛰어나다. 비수리의 잎이나 줄기, 뿌리에는 플라보노이드, 탄닌 등의 성분이 있어 염증을 없애고, 가래를 삭이며 황색포도상구균을 억제하는 효능이 있다고 한다. 그래서 민간요법으로 기관지염이나 기관지 천식으로 가래가 많이 나올 때 풀 전체를 달여 마시기도 했다. 또한 기력이 부족하거나 허약체질에 씨앗을, 신경쇠약에는 뿌리를 달여 마셨다. 또 산에서 뱀에게 물렸거나 벌에 쏘였을 때 잎과 줄기를 짓찧어 붙이면 해독 작용을 한다고 한다.

《한국본초도감》에 의하면 한방에서는 비수리나 이와 비슷한 호비수리를 야관문(夜關門)이라는 생약명으로 약용한다고 한다.

간(肝)과 신(腎)의 기능을 보(補)하고, 유정(遺精)과 소변 색깔이 흰빛인 것을 치료하고, 여자의 백대하(白帶下)를 치료한다고 기록되어 있다. 그래서인지 항간에 이 풀로 술을 담가 마시면 정력에 좋은 것으로 알려져 있다. 비수리술을 마시면 효능이 있다 없다 구구하지만 먹어서도 인체에 별 탈이 없으니 사람들의 입방아에 자주 오르는 것 같다.

식물은 대개 꽃이 피기 직전이 정기(精氣)가 가장 왕성하다고 한다. 비수리도 꽃이 피기 직전인 8~9월을 채취시기로 보면 적당할 것 같다.

어릴 때 빗자루나 채반을 만들 재료로 이 비수리를 꺾으러 친구와 산자락을 오르내렸다. 프리스틱 용기에 밀려 이제는 찾아볼 수 없는 것들이 되었지만, 대나무 · 버드나무 · 비수리로 만든 함지박이나 채반 등은 인기 있는 상품으로 팔렸던 시절도 있었다. 그 비수리 풀이 요즘 성인질환에 아주 효과 있는 약용식물로 그 인기가 있다고 하니 재미있다. 약초 축제에 가보면 어김없이 비수리가 등장해 여전히 뭇 어른들의 관심을 끄는 풀이다.

산야초(山野草)는 선조들의 삶의 방식을 전해주는 신기함, 식물 형태의 즐거움, 그리고 그윽한 향(香)에 빠지게 하는 매력이 있다. 식용(食用)도 하고 약용(藥用)도 하며 다양하게 쓰이기도 하니, 우리와 함께 살아왔고 앞으로도 산야초는 그렇게 우리 곁에서 아늑한 추억과 함께 생명을 이어갈 것이다. 그래서 봄날은 우리의 산하를 곱게 단장하고 여름엔 무성한 푸르름으로, 가을엔 결실로, 그리고 겨울엔 생명력으로, 우리와 존재하는 것이다.

밥보자기 뽀리뱅이

대전시 평생교육문화센터의 남부센터 주변에는 잔디밭과 조그만 정자가 함께하는 쉼터가 있다. 길 건너 답답한 고층아파트 숲과 대조를 이루며 가지런히 정리된 화단의 나무들이 주변 풍경과 잘 어울린다. 바닥에는 파릇파릇한 잔디가 정신없이 고개를 밀고 올라온다. 이곳에는 연녹색 풀들이 한창이다. 꽃다지가 노란 꽃을 피웠고, 제비꽃은 꽃망울이 터질듯하다. 지칭개 이파리는 제 모습을 갖췄고 국수댕이도 바닥을 기고 있다. 갖가지 풀들이 경쟁적으로 땅속을 비집고 올라오고 있다. 반듯하게 정리된 모습이 인위적이라는 느낌이 들기도 하지만 삭막한 도시 환경의 시민들에겐 더없는 휴식자리다.

멀리 오도산이 시야에 들어온다. 산 능선의 뿌연 실루엣이 어린 날에 봤던 모습으로 다가온다. 화사한 봄날의 아침 햇볕이 먼 날을 추억하게 한다. 고향동네 가까이에 있는 이 남부문화센터는 그래선지 정겹다. 봄은 사람의 마음을 이렇게 다독이는 계절이다.

잔디밭 한가운데 푸른 잎에 누런 갈색이 깃든 뽀리뱅이가 넓게 이파리를 펴고 있다. 별난 이름을 가진 풀이다. 이 나물이 어쩌다가 '뱅이'가 붙었을까? '뱅이'는 몇몇 명사 뒤에 붙어 '그것을 특성으로 가진 사람이나 물건'의 뜻을 더하는 접미사다. 가난뱅이 · 게으름뱅이 · 앉은뱅이 · 주정뱅이 등이 그것이다. 또한 '뱅이'는 성질이나 모양 · 습성 등을 얕잡아 부를 때 붙이는데, 조그맣고 귀여운 이 식물에 붙은 접미사 '뱅이'가 흥미롭다.

전해져 오는 이야기에 의하면 '뽀리'는 봉오리를 뜻하는 말이라 한다. 뽀리뱅이는 여러 송이의 꽃봉오리가 꽃대 끝에 뭉쳐서 나오는데, 이 작은 꽃봉오리들이 옹기종이 모여 있는 모습을 보고 이런 이름을 붙였다고 한다. 다르게는 보리뱅이란 이름에서 보리가 나오는데, 옛날 보릿고개에 이 나물을 먹고 넘겼다고 해서 유래되었다는 말도 있다. 그 외에도 박조가리나물이나 황가채로도 불린다. 어떤 곳에서는 '비둘기나물'이라 했다고도 한다. '잎에 난 잔털이나 부드러운 감촉이 꼭 비둘기 같다' 하여 붙여진 이름이다. 또 '잎을 땅에 바짝 붙이고 자라는 모습이 불상(佛像)을 엎어 놓은 연화대를 닮았다' 해서 일본에서는 '부처자리'라고도 불린다.

뽀리뱅이는 국화과에 속하는 두해살이풀로 들이나 밭둑, 길가 등 어디서나 자란다. 키는 15~100센티미터쯤 되며 온몸에 부드러운 털이 난다. 뿌리에서 나는 잎은 방사상으로 퍼져 나며 깃 모양이며 깊게 갈라진다. 줄기에서 나는 잎은 아예 없거나 네 장을 넘지 않는다. 줄기와 잎에 털이 나 있으며 잎을 자르면 노란 진액이 나온다. 뽀리뱅이는 개화(開花) 기간이 비교적 길다. 5~6월에 줄기 끝에서 원추(圓錐)꽃차례로 노란색 설상화가 피는데, 햇빛을 보면 피고 저녁에는 닫는 습성이 있다. 처음 꽃이 필 때는 꽃대가 그리 길지 않으나 시간이 지나면서 꺽다리처럼 길게 자란다. 그 이유는 꽃씨가 바람에 멀리 잘 날아가라고 꽃대를 키우는 것이다. 열매는 납작하며 민들레처럼 하얀 털을 달고 있어 바람이 불면 바람을 따라 움직일 수 있게 되어 있다. 이미 전(前)년도 가을에 싹을 틔우고 잎을 내어 이른바 방석식물로 겨울을 나는 생명력이 강한 풀이다.

이 풀의 어린잎은 봄나물로 먹으며, 쌉쌀한 맛이 강하여 된장국에 넣어 끓여 먹기도 했다. 민간요법으로는 감기 때문에 열이 나고 목이 아플 때, 젖몸살 · 관절통 · 소변통증에 뿌리째 캐어 물에 달여 마셨다. 한방(韓方)에서는 뽀리뱅이를 황암채라고 하며, 황화채 또는 황과채라고도 부르는데, 뿌리나 전초(全草)를 약으로 쓴다. 봄철에는 전초를, 가을철에는 뿌리를 채취해 신선한 채로 쓰거나 썰어 햇볕에 말려서 사용한다. 문헌(文獻)에 따르면 황암채는 '맛이 달고 조금 쓰며 성질은 서늘하므로 열을 내리고, 독(毒) 기운을 풀어주며, 소변이 잘 나오게 하고 부기를 없애준다'고 기록했다. 그래서 감기, 인후통증, 결막염, 유선염, 종기, 독사에 물린 데, 이질, 간경화로 인한 복수, 급성 신염, 류머티스성 관절염, 타박상 등에 활용한다. 사용법은 물에 달이거나 즙(汁)을 내어 복용하는데, 외용(外用)할 때에는 신선한 것 적당량을 짓찧어 환부에 붙인다.

쉼터 옆 작살나무 열매가 잎을 틔우고 있다. 오는 가을이면 보라색 알갱이 열매가 우리의 눈을 홀릴 것이다. 그 나무 밑에 보릿고개를 넘겨주어 우리의 명(命)을 이어줬던 뽀리뱅이가 넓은 잎을 펴고 있다. 며칠 후면 긴 꽃대를 세워 노란 꽃을 피울 것이다. 쌉싸름한 맛으로 옛 어른들의 입맛을 돋궈주던 봄나물, 삶도 변하고 먹거리도 바뀌면서 뽀리뱅이도 잊혀져 간다. 보리밥이 건강식으로 다시 우리 곁으로 다가와 인기를 얻은 것처럼 뽀리뱅이도 친근한 풀로 다가 올 것이다. 식장산 아래로 햇살이 퍼지면서 연무가 하늘로 오르기 시작한다.

기생초 새삼

울안에 아름드리 호두나무가 집의 수호신처럼 뒤곁을 지키고 서 있다. 나무가 새총마냥 브이자형으로 우뚝 솟아 수형(樹形)도 멋지다. 그런데 몇 해 전에 냉해를 입어 죽은 가지가 앙상하다. 아름드리인데도 큰 등치만 성하다. 겨우 살아남은 나뭇가지에서 이파리만 무성하다.

그런데 올해는 이 호두나무에 풍년이 들었다. 작년도 재작년도 열매 맺기가 부실해 거의 수확을 못했는데, 풍성한 잎과 가지 사이사이에 매달린 호두가 다글다글하다. 별다른 거름도 주지 않고 있는 그 자리에서 피고 지고할 뿐인데 올 해는 열매가 많이도 달렸다. 장모님 생전에는 호두 한 말에 금일봉을 드리고 사서 먹던 호두였다. 장모님이 내 용돈을 주는 나무라며 환하게 웃으시던 모습이 선하다.

가끔씩 들르는 집이라 호두나무 아래는 눈 밖이었다. 봄철에 심어놓은 초석잠을 살피러 둘러보니 모종은 온데간데없고 풀이 호랑이 새끼 칠 정도로 자라 가슴팍까지 기어오른다. 황당하다. 풀의 생명력은 알아주지만 똑같은 식물인데 어찌 이 지경인가 싶다. 사람 손에 길들여진 모종속의 식물이라 아마도 생존경쟁에 선 뒤쳐질 수밖에 없나 보다.

게다가 새삼 덩굴이 풀 사이를 누비며 기고만장이다. 어떻게 걷어낼 수도 없을 정도다. 예전에 안 보이던 것이 새로 나타난 것이다. 걱정이다. 이 풀은 당할 식물이 없다. 마구잡이로 휘젓고 다니면서 곡식이고, 나무고, 제대로 살지를 못하게 하는 존재다. 초기에 제거하지 않고 방치하면 낭패를 보기 십상이다. 풀까지 뽑아내며 대충 거둬내니 나무 밑이 휑할 정도다.

이파리도 없고 실타래를 풀어놓은 것처럼 줄기만 기어다니는 기묘한 풀이다. 바람에 날려 정착을 했는지 이제껏 이 풀은 없었는데 걱정이다. 작은 텃밭으로 갖가지 채소를 심어먹는 곳인데 이 풀이 성장하여 자리매김하면 그나마도 불가능하기 때문이다. 그야말로 공포의 새삼덩굴이다.

새삼은 새삼과의 유일한 속인 새삼속을 구성하는 기생식물이다. 이 풀은 잎이 없고 숙주식물을 칭칭 감으면서 자란다. 일반 식물과는 달리 엽록소가 없으며 대신 흡기(吸器)를 통해 양분을 흡수한다. 이 흡기는 뿌리와 같은 기관으로, 숙주식물의 조직을 뚫고 들어간다. 잎은 작은 비늘 모양으로 퇴화되었다. 줄기는 가늘고 끈처럼 생겼으며 노란색 · 오렌지색 · 분홍색 · 갈색 등이다.

꽃은 8~9월경 작고 노란색 또는 흰색으로 피며 꽃부리 끝이 갈라져 있다. 이 꽃들은 무리 지어 피는데 그 모습이 작은 혹처럼 생겼다. 열매는 종(鐘) 모양으로 그 속에 작은 종자가 들어있다. 한국에는 새삼, 실새삼, 갯실새삼 등 3종의 새삼속(屬) 식물이 있다.

이 풀은 성장 방식이 특이하다. 씨에서 싹이 나오면서 곧바로 자기 자신을 지탱할 뿌리를 만든 후 가는 줄기가 숙주식물에 도달하여 줄기를 감싼다. 그 줄기에 흡기(吸器)를 내어 그 속으로 뚫고 들어간다. 줄기가 숙주에 닿은 뒤로는 그 뿌리가 썩어 없어진다. 흡기를 통해 숙주의 줄기와 물관부에서 물을 빨아들이고 영양분은 체관부로부터 흡수하며 성장한다. 이렇게 살아가는 새삼류는 농작물 등에 막대한 해(害)를 입힐 수 있다.

한의 자료에 의하면 가을에 채취한 새삼의 성숙한 종자를 토사자(免絲子)라 하여 보익약(補益藥)의 약재로 사용한다. 심장의 수축력을 강화하여 혈압을 내리는 약리 작용이 있다. 효능으로는 간(肝)과 신장(腎臟) 기능을 보하며, 생식기 계통에 강음익정(强陰益精)시키는 강장약으로 활용도가 높다. 특히 남자가 신(腎) 기능이 허약하여 발기가 안 되고 유뇨(遺尿) · 유정(遺精)이 있을 때, 여자는 백대하(白帶下)가 있을 때 효과가 있다. 또는 당뇨병에 단방(單方)으로 달여서 복용하거나 알약이나 가루로 만들어 사용한다.

민간요법으로는 새삼 씨는 정력을 증강시키고 기운을 북돋우며, 허리와 무릎이 시린 증상에 이용했다. 또는 덩굴줄기를 차(茶)로 달여서 여성이 오랫동안 복용하면 혈액순환이 좋아지고 냉증(冷症)에도 효과가 있다.

다른 자료에 의하면 토사자(兔絲子)의 추출물이 혈당강하 작용이 우수하여 당뇨병 및 이로 인한 합병증을 예방하고 치료하는 건강기능식품으로도 이용이 가능하다는 연구가 나왔다고 하니 한편으로는 좋은 약용식물이기도 하다.

산행을 하다보면 간혹 이파리도 없는 얽히고설킨 줄기가 나무나 풀을 덮어 풀인지 나무인지 구분이 안 되는 모습을 볼 수 있다. 실이나 철사 같은 줄기가 집어삼킬 듯이 달려들어 숙주식물을 고사(枯死)시키기도 한다. 잎이 퇴화해 버려 줄기만 뻗는 새삼은 숙주식물에 마구잡이로 달려들어 대상 식물을 해하는 묘한 식물이다.

만에 하나 농작물을 재배하는 곳에 이 풀이 나타나면 일단 비상이다. 울안의 작은 텃밭에 올해 나타난 새삼이 마음 쓰인다. 우선 더 자라기 전에 퇴치작전을 펴야겠다. 깔끔하게 풀이라도 제거하며 관심을 가졌더라면 틈이 없었을 터인데, 방심하고 팽개친 결과다.

농부에겐 이 풀이 아주 골칫거리일 것이다. 허나 그 풀을 약용이라는 측면으로 보면 그 효능이나 약리성이 아주 좋은 이로운 풀이기도 하다. 자연은 그렇게 태초부터 우리 인간에게 양면성을 갖고 존재하는 것 같다. 추후 어디서든 새삼을 만나면 기필코 뜯어다가 술이라도 담아 먹어보고 싶다.

생강 내음, 생강나무

벌써 한낮 기온이 섭씨 20도를 오르내린다. 하산길에는 겉옷을 벗고 걸어야한다. 노적봉을 내려오다 생강나무를 만났다. 꽃봉오리가 터질듯이 부풀어 잔가지에 올망졸망 모여 앉았다. 혹독한 겨울을 보내고 튀어나올 듯한 꽃눈이 가지마다 일정한 간격을 두고 매달려 꽃을 피울 준비를 하고 있는 것이다.

양지쪽의 가지에서는 벌써 꽃을 피웠다. 생강나무는 산수유와 거의 비슷한 시기에 꽃을 피우는 나무다. 산수유와 생강나무 꽃을 구별하기란 쉽지 않다. 꽃 피는 시기와 모양이 비슷하기 때문이다. 생강나무는 잎보다 먼저 꽃을 피우는 식물이다. 이른 봄 산중(山中)에 노란 꽃이 가장 먼저 개화하여 봄을 알리는 영춘화(迎春花)로서 산속의 봄 전령사인 셈이다. 잔가지 위에 진한 노랑의 넓은 꽃잎이 화사하게 봄을 맞는다. 산 속에 있어서 눈에 잘 안 띄는 나무지만, 앙상한 가지 위에다 노란 꽃을 치장하여 산자락에 수를 놓는 모습이 참 대견스럽다. 그래서 삭막한 초봄 산속에서 만나는 생강나무 꽃은 반갑기 그지없다. 이렇게 계절의 분수령을 알리는 파수꾼인 생강나무 꽃은 개나리 진달래보다 먼저 피어 봄을 알린다.

생강나무는 녹나무과에 속하고 암 · 수 딴그루이며, 가을에 단풍이 들고 잎이 지는 떨기나무다. 다른 이름으로는 황매목(黃梅木) · 단향매(檀香梅) · 새앙나무 · 아귀나무 · 동박나무 등 여러 이름이 있다. 잎을 따거나 가지를 꺾어 코에 대면 생강(生薑)과 비슷한 냄새가 나서 생강나무라 부른다.

잎은 어긋나며 넓은 달걀 모양이고, 길이 5~15센티미터, 너비 4~13센티미터로 꽤 큰데, 끝이 크게 3개로 갈라지기도 하며 잎맥은 3주맥이다. 꽃은 잎이 나기 전에 피고, 꽃자루가 짧아 가지에 촘촘히 붙어 있다. 꽃이 필 때 짙은 향내가 난다. 산수유나무도 비슷한 시기에 거의 같은 모습으로 꽃을 피우는데, 생강나무 꽃보다 산수유나무 꽃의 꽃자루가 약간 더 길고, 생강나무는 꽃을 피운 줄기 끝이 녹색이고 산수유나무는 갈색이다.

꽃눈을 잘라보면 작은 눈 속에 많은 꽃잎이 포개져 조금이라도 자리를 덜 차지하려고 온 몸을 돌돌 말거나, 한쪽으로 말리거나, 가로로 세로로 휘어져 둥글게 주름이나 부채 모양으로 접혀 있다. 이렇게 꽃눈이 차곡차곡 포개어져 때를 기다리고 있다가 봄이 오면 바깥쪽에서부터 하나하나 포장 된 순서와 모양대로 피어나는 것이다.

콩알만 한 둥근 열매는 처음에 녹색이었다가 노란붉은색으로 변해 9월경 검은색으로 익는다. 열매는 기름을 짜서 머릿기름으로도 사용했다. 남쪽지방에 자라는 진짜 동백나무의 기름은 사대부집 귀부인들이나 높은 벼슬아치를 상대하는 유명 기생들의 전유물이었고, 서민의 아낙들은 이 생강나무 열매의 기름을 썼다고 한다. 그래서인지 이 나무를 산동백나무 또는 개동백나무라고도 부른다. 강원도 정선아리랑의 가락에 나오는 '싸릿골 올동박'은 생강나무를 일컫는다. 아우라지에 자라는 동박나무(생강나무)에 깃든 청춘남녀의 애틋한 사랑이야기가 이 열매에 관련하여 정선아리랑 가사에 절절히 새겨져 있는 것이다.

생강나무는 민간요법으로 소중하게 이용된 약용식물이었다. 특히 여성들이 아이를 낳고 몸조리를 잘 못해서 생긴 산후풍(産後風)에 특효약이었다. 이때에 생강나무 줄기나 잔가지를 아무 때나 채취하여 잘게 썰어 말린 후 물에 달여 마셨다. 또 오랫동안 달여 마시면 간과 신장과 뼈를 튼튼하게 하고 죽은 피를 없애 몸을 따뜻하게 하는 효능이 있다고 했다. 한방(韓方)에서는 삼첩풍(三鉆風) 또는 황매목(黃梅木)이란 생약명으로 타박상에 어혈(瘀血)이 진 것과 산후(産後)에 몸이 붓고, 팔 다리가 아픈 증상을 치료하는데 이용되고 있다. 또한 생강나무 꽃으로 차(茶)를 만들어 마시기도 한다. 생강나무 꽃이 활짝 피기 전에 채취하여 살짝 데친 후 그늘에서 말려 따뜻한 물에 우려내어 마신다. 몸의 독소를 배출하고 산후조리 시 붓기를 빼준다고 한다. 특히 냉한 몸을 따뜻하게 해주므로 여성에게 아주 좋다.

초봄에 노란 꽃으로 계절의 시작을 알리고, 여름에는 시원한 그늘나무로서의 역할을 하고, 가을에는 단풍으로 다시 한 번 우리의 눈길을 끄는 생강나무는 푸른 가을하늘과 기막힌 조화를 이룬다. 붉은 잎만이 아름다운 단풍이 아니라는 것을 생강나무 단풍에서 금세 알아차릴 수 있다. 생강나무는 우리 곁에서 사계(四季)의 징검다리 역할을 한다. 은은한 생강나무 꽃의 향기가 코끝을 스친다. 이렇게 살아있는 삶은 의미 있고 찬란한 것이다.

잎새에 바람소리, 소리쟁이

시내권이지만 산으로 둘러싸인 동네는 영판 산골마을이다. 마을 입구에서 빙 돌아 들어가는 지형으로 집이 보여야 마을이 있음을 안다. 왠지 요새(要塞)같기도 하고 신령스런 마을이란 느낌도 든다. 옹기종기 모여 있는 집들이 해바라기를 하듯 가을 햇살에 정겹다. 산 뒤편에 자리 잡은 동네라 하여 산디마을이라 불리는 동네다.

마을 앞으로 흐르는 작은 도랑을 따라 산자락을 거스르며 가을 들풀 구경에 나섰다. 개발의 경력이 없고 예부터 살아온 모습을 고스란히 간직한 동네다. 그래서 우리 주변에서 키워 약용했던 약초를 살피러 가끔씩 동네를 찾는다. 옛날에는 울안에 이런

저런 약용식물을 길러 직접 사용했기 때문이다.

가을이 한창 깊었는데도 도랑 옆의 개나리가 노랗게 꽃을 피웠다. 계절의 반란인지 헷갈리는 모습이다. 수분이 빠져 잦아든 풀들이 앙상한데, 햇빛이 잘 드는 논둑에는 철을 잊은 듯 각종 나물들의 새싹이 보인다. 봄나물인 쇠무릎 · 광대나물 · 지칭개 등이 새순을 내밀고 있다. 소리쟁이도 옆에서 길다란 이파리를 펴고 있다. 습지나 물가에서 잘 자라는 이 풀이 논두렁에서 어느새 싹을 다시 틔운 것이다. 겨울에도 죽지 않고 월동(越冬)하여 봄날을 맞는 생명력이 강한 식물이다.

소리쟁이는 담벼락이나 아스팔트 길 사이에서 화려하진 않지만 옹기종기 모여 자란다. 초여름이면 녹색의 꽃들이 긴 대궁에 무수히 달려 생산력(生産力)을 자랑하기도 한다. 동글납작한 씨앗은 하나하나마다 날개를 달고 있다. 그 날개로 씨앗을 바람에 날려 멀리까지 씨앗을 퍼뜨리는 것이다. 소리쟁이의 씨앗은 땅속에서나 물속에서도 수 년 간을 생존한다고 한다.

소리쟁이라는 이름은 늦여름 열매가 익어서 마르면 바람이 불 때 밀집한 열매끼리 부딪쳐 사그락사그락 소리를 내므로 그렇게 불렀다고 한다. 또는 잎이 주름져 있어서 바람이 불면 소리가 나기 때문이라고도 한다. 이 풀의 주름은 다른 풀과 구별할 수 있는 독특한 특징이기도 하다.

소리쟁이는 들판의 낮은 지대나 도랑가의 습기가 있는 곳에서 흔히 자라는 여러해살이풀이다. 키는 1미터 이상으로도 자라며 줄기는 곧추선다. 잎은 긴 타원형으로 가장자리에 주름이 진다. 꽃은 녹색이며 열매는 세모진 난형(卵形)으로 각 모서리에 날개가 있다. 뿌리는 노란색을 띄며 매끈하고 비대(肥大)하다. 다른 이름으로 소루장이·참소루쟁이·소로지 등이 있다. 이파리가 혓바닥처럼 길고 가장자리가 너울대는 모양이라 우설초(牛舌草)라고도 한다. 봄에 어린잎과 줄기는 나물로 먹는다. 어느 정도 자란 줄기를 자르면 투명한 액체가 나오는데, 이런 식물은 오염이나 공해에 강하다고 한다.

소리쟁이는 한방에서 양제근(羊蹄根)이라는 생약명으로 그 뿌리를 약용한다. 한의(韓醫) 자료에 의하면 소리쟁이의 뿌리를 가을에 캐서 말려 약재로 쓴다. 혈액응고시간을 단축시켜 주는 약리 작용이 있어 지혈(止血)약으로 쓰며, 항균작용도 있어 피부질환에도 외용(外用)한다. 민간요법으로는 뿌리 말린 것을 달여 먹으면 변비(便祕)나 치질(痔疾)에 효과가 있고, 류머티즘에 생즙(生汁)을 바르면 효과적이었다 한다. 또한 생선의 독(毒)에 소리쟁이의 싹을 생으로 먹으면 좋아진다고 했다.

'쟁이'라는 낱말은 사람의 성질이나 특성·행동·직업 등을 나타내는 말 뒤에 붙어, '그러한 특성을 가진 사람' 또는 '얕잡는' 뜻을 더한 말을 일컫는 단어다. 소리쟁이는 아무도 거들떠보지 않는 별 볼일 없는 잡초 중에 잡초로 여긴다. 있는 듯 없는 듯 피었다가 어느 틈에 말라죽어가듯 열매를 맺는다. 바람이 불 때면 잎이든 열매든 서로 부딪혀 소리를 내는 소리꾼으로 소리쟁이라 불렀지 싶다.

불타듯 여름을 살고 잦아든 풀들 사이로 소리쟁이 줄기가 껑충하게 서 있다. 그 줄기에 매달린 열매의 갈색이 아주 짙다. 세모접기를 한 듯 입체형으로 빼곡하게 달려있다. 면마다 깨처럼 씨앗이 촘촘히 박혀 있다. 바람에 날려 흩어지기를 기다리는 것이다. 이른 여름에 일찌감치 열매를 키운 이파리는 말라 비틀어져 쇠잔한 모습이다.

그 틈새로 살그머니 싹을 내민 어린 소리쟁이 한 포기가 안쓰럽다. 연약한 모습으로 추운 겨울을 어찌 넘길 것인지……. 다들 씨를 흩뿌리고 말라버린 껍질은 땅으로 돌아갈 준비를 하는데 말이다.

소 무르팍 쇠무릎

멀리 바다 한가운데 우뚝 솟은 비양도(飛揚島)가 우리의 위치를 가늠케 해준다. 잔잔한 자갈돌과 나무 산책로로 이어지는 올레가 우릴 반갑게 맞는다. 예닐곱 명이 자박거리는 발걸음에 돌멩이 소리가 자그락자그락 정겹다. 잔잔한 바닷가에 녹색의 풀들과 남색 바다 물결이 어우러져 육지에서 온 손님을 반긴다. 나지막한 담벼락과 이색적인 제주의 농촌 풍경도 내 마음을 사로잡는다.

눈에 들어올 듯 가깝게 보이는 비양도가 병풍처럼 두르고 맞은편엔 금능포구와 협재해수욕장이 나란히 연결 돼 있다. 은빛 모래사장에는 벌써 물놀이가 한창이다. 물장구를 치고 노는 어린 애들과 고운 바다 빛깔이 그림 같다. 그런 풍경을 보며 걸어 나가니 '비양도는 불과 천여 년 전에 분출된 화산섬'이란 현판이 딱 가로막는다.

모래가 바람에 밀려 쌓여 만들어진 야트막한 모래언덕이 그 뒤에 누워 있다. 그 언덕 모래톱에 하얗게 핀 띠꽃이 낮게 깔려 장관이다. 흰 솜털은 가지에 꿰어 세워놓은 듯이 넓은 언덕을 빼곡하게 메우고 있다. 가벼운 솜털이 바닷바람에 밀려 허리가 휘어진 채 기역자로 굽혀져 바람을 견디고 있다. 그 띠의 가장자리에 쇠무릎이 큰 키로 바람을 막고 서 있다.

해수욕장의 모서리에 쇠무릎이 밭을 이루고 있다. 육지에 있는 쇠무릎과 별반 다를 것이 없지만 바닷가의 짠 모래 속에서도 튼튼하게 뿌리를 내리고 있다. 뿌리를 뽑아보니 제법 굵고 실하게 올라온다. 뿌리의 뇌두가 여러 마디로 갈려 왕성하게 줄기를 올리고 있었다. 흔히 지나쳐버리는 잡초지만 쇠무릎은 사람에게 아주 유익한 약초다.

가을철 들녘을 걷다보면 도깨비바늘이나 짚신나물, 진득찰이나 도꼬마리 등의 씨앗이 바지나 웃옷에 붙어 귀찮게 한다. 쇠무릎도 이같이 갈고리를 가지고 사람이나 짐승의 몸에 붙어 멀리까지 종족(宗族)을 퍼뜨린다. 그 질긴 생명력으로 이곳 바닷가 모래밭에도 뿌리를 내리고 있는 것이다.

줄기의 마디가 소의 무릎을 닮았다고 하여 쇠무릎이란 이름을 가진 재미있는 식물이다. 산이나 들의 그늘진 곳에서 자라는 여러해살이풀이다. 가지는 많이 뻗으며 잎은 마주 보는데 줄기는 네모지고 곧게 자란다. 꽃은 8~9월에 가지 끝에서 핀다. 봄에 어린 순은 나물로 먹는다. 다른 이름으로는 우슬(牛膝) · 쇠무릎지기 · 접골초 등으로도 불린다.

한방에서는 겨울철에 줄기와 잎이 마른 다음 뿌리를 채취하여 말린 것을 우슬(牛膝)이란 생약명으로 약재로 사용한다. 소염, 진통, 진경(鎭痙) 작용, 혈압 강하, 자궁 수축의 약리 작용이 있다고 했다. 민간요법에서는 전신이 붓는 부종(浮腫)에 처방을 하면 혈액순환과 어혈을 제거하는 효력이 뛰어나 관절염에 많이 쓰였다. 특히 여성들의 월경불순과 산후복통에도 좋은 것으로 알려져 있다. 이외에도 당뇨병과 체력이 쇠약해졌을 때도 활용한 약용식물이었다.

쇠무릎은 뿌리가 별나다. 국수가닥 같은 뿌리가 산신령 수염같이 내리뻗는다. 그 뿌리에서는 인삼(人蔘) 냄새가 난다. 이 뿌리를 가마솥에 넣고 삶아 졸이면 조청이 된다. 물엿처럼 된 그 조청을 먹으면 몸에 좋다고 했다. 예전에 시골 어른들이 늦은 가을녘에 망태기를 들고 쇠무릎 뿌리를 캐러 다녔던 모습이 선하다. 조청을 고아 관절염이나 신경통에 복용했던 것이다. 지금은 농촌에서 쇠무릎의 재배농가도 있어 짭짤한 소득을 올리고 있다니 반가운 소식이다. 쇠무릎이 관절염과 신경통 등에 탁월한 효능이 있어 애용되고 있는 것이다.

쇠무릎은 우리 주변에 아주 흔하다. 그 마디마다 둥그렇게 불거지는 모습이 특이한 식물이다. 너무 흔하여 무심히 지나치는 약초일지 모르지만 잘 활용하면 건강에 도움이 될 수 있는 약용식물이다. 툭 불거진 마디의 모습을 보고 이것을 먹으면 사람의 무릎도 소의 무릎처럼 튼튼해질 것이라는 생각을 하여 약용했던 것 같다.

풍차(風車)가 도는 마을길을 따라 걷는 월령해안은 한가하고 평화롭다. 주말이지만 이곳은 올레꾼이 별로 없다. 그래서 주변 풍경도 여유 있게 감상하며 멀리 있는 섬도 요모조모 살피며 걷는다. 다른 생각 없이 그저 눈에 뵈는 평범한 모습을 즐길 뿐이다. 일상을 떠나 여행을 즐기는 이유다.

해송(海松)이 빼곡한 바닷가 가장자리에 쇠무릎이 드문드문 자리하고 있다. 무심히 지나치다 보는 길섶의 잡초다. 실하게 뽑히는 뿌리를 가져가 술을 담겠다고 일행들이 야단이다. 나도 몇 뿌리를 챙겼다. 우연히 눈에 띈 쇠무릎이 수난을 당하고 있는 것이다. 아무리 잡초라지만 쇠무릎에게는 불행이다. 오늘 섬을 떠나 육지로 갈 이 우슬(牛膝)은 순간의 만남으로 운명이 바뀐 것이다. 아는 게 병이 된 상황이다.

금잔옥대 수선화

부산항을 출발한 쾌속선은 불과 한 시간 남짓 달리더니 대마도(對馬島)항구로 접어든다. 부두에 정박한 순시선에 달린 일본기와 이곳 특유의 이층집이 외국임을 확인해 준다. 입국(入國) 심사에 지문을 요구하는 방법이 구태(舊態)같아 불쾌하다. 바람도 상쾌하고 날씨도 쾌청한데 왠지 마음 한 구석은 열리질 않는다. 바닷가를 따라 지어진 집들의 터 이외는 평평한 땅이 없어서 들이 없고 산들의 경사도 급하다. 이곳이 척박한 곳임을 단박에 알 것 같다.

늦었지만 하고 싶었던 한국어 공부를 더 하고자 입학했던 학부과정을 다시 마치고 졸업여행으로 찾은 곳이다. 가깝지만 먼 곳, 언젠가 한 번은 찾아보고 싶었던 곳이다. 그리고 언젠가 읽었던 덕혜옹주(德惠翁主)의 기록을 접하고는 더욱 대마도를 생각하곤 했다.

대마도는 우리의 영토였었다. 역사적으로 지도(地圖)상에 분명하게 기록이 남아있는 곳이다. 심지어 근대에 우리가 이곳의 반환을 요구했었다. 이런 사실을 국민들이 얼마나 알고 있을까. 이곳의 역사적 사실을 연구, 발굴하여 후손들에게 알려 주었으면 싶다. 이런저런 생각을 하며 난 대마도를 꼭 한 번 찾고 싶었다. 특히 조선(朝鮮) 왕조의 딸로 태어나 비운의 삶을 살다간 덕혜옹주. 우리의 가슴 아픈 근대사를 처절하게 겪은 한 여인의 삶을 느껴보고, 늦었지만 위로의 마음을 전하고 싶었다.

덕혜옹주의 결혼기념비는 조그만 시골 마을의 공원 한 구석에 초라하게 서 있었다. 비석 앞에는 한국인 관광객만이 서성거릴 뿐 쓸쓸한 분위기다. 몇 줄의 글로만 내용을 알 수 있을 뿐이다. 비석(碑石) 아래에 외로운 영혼을 달래듯 하얀 수선화가 고개를 숙이고 방문객을 맞는다. 아니면 제왕(帝王)의 딸이 지키고 싶었던 자존심이 수선화로 피어난 것은 아닐까.

비석 정면에 옹기종기 모여 고개를 숙이고 흰 바탕에 잔대를 올린 듯한 수선화 몇 송이가 가지런하다. 화려하지도 않고 가녀린 꽃대가 서로 기대어 서 있는 모습이 지난날 시달렸던 우리의 모습 같아 착잡하다. 돌계단 뒤로는 그나마 좀 밝은 노란 수선화가 띠를 두르고 심어져 있다. 수선화 꽃잎 위의 잔대(盞臺)에 술이라도 한 잔 붓고 싶은 마음으로 생수 한 병을 부어 촉촉하게 적셔주었다. 이곳은 수선화가 많이 자생하는 지역인 것 같다.

수선화는 수선화과의 여러해살이풀이다. 지중해가 원산지로 우리나라 남부지방에서 주로 관상용으로 재배한다. 습한 땅에서 잘 자라며, 땅속의 비늘줄기는 검은색으로 양파처럼 둥글다. 잎은 난(蘭)같이 선형(線型)으로 자란다. 꽃은 12월에서 3월경 줄기 끝에 피는데 향기롭다.

수선화(水仙花)란 이름은 습기가 있는 곳에서 잘 자라고 물을 아주 좋아한다는 뜻이 담겨 있다고 한다. 수선화는 꽃받침과 꽃잎 안쪽에 꽃송이 하나가 더 얹혀 있다. 6장의 꽃잎이 은(銀)접시와 같고 가운데에 있는 나팔모양의 노란 꽃은 금잔(金盞)과 비슷하다. 그래서 금잔은대(金盞銀臺) 또는 금잔옥대(玉臺), 눈 속에 핀다하여 설중화(雪中花), 지선(地仙)으로 부르기도 한다.

안덕균 교수의 《한국본초도감》 자료에 의하면 수선화의 뿌리와 꽃을 약재로 사용한다. 뿌리를 종기에 짓찧어 붙이면 효과가 있고, 목에 걸린 생선가시를 녹인다. 꽃은 여성의 번열증(煩熱症)을 해소시킨다.

민간요법으로 관절염 · 신경통 · 유선염 등에 수선화의 비늘줄기를 강판에 갈아서 밀가루 반죽을 해서 환부에 바르면 효과가 있다. 또한 생즙을 발라 악창을 치료했고, 백일해 · 천식 · 구토(嘔吐) 등에 사용했다.

이른 봄이나 동절기에 우리나라에서 꽃을 볼 수 있는 풀은 수선화고 나무는 동백이라고 한다. 제주(濟州)지방은 이 수선화가 자생하며 1~4월에 꽃이 많이 핀다. 꽃이 필 때면 아름답고 청초한 모양과 그윽한 향기가 일품이어서 선비들의 사랑을 받았다고 한다. 눈이 내리는 계절에도 추위에 아랑곳 않고 눈 속에서 꽃을 피우는 수선화를 보고 감탄했던 것 같다. 추사(秋史) 김정희 선생도 제주도에 유배됐을 때 아름다운 수선화의 자태를 보고 시(詩)를 지었다고 전한다.

수선화는 그리스 신화에 나오는 나르키소스라는 아름다운 청년이 샘물에 비친 자신의 모습에 반하여 물속에 빠져 죽은 그 자리에서 핀 꽃이라는 전설에서 유래된 것이라는 슬픈 이야기가 전해오는 식물이다. 그래서 수선화를 나르시시즘의 꽃이라고도 한다.

외국이라기보다는 남해(南海) 어느 작은 섬에 잠시 들른 기분이다. 우리의 옛 경상도 땅이었던 대마도, 와보고 싶었던 곳이지만 막상 와보니 척박한 곳이다. 그래서 선조들이 이곳을 포기했는지도 모를 일이다. 그 옛날, 사람들이 살기엔 참 어려웠을 곳이란 생각이 드는 곳이다.

같은 꽃이라도 보는 사람에 따라 다르고, 같은 사람도 보는 때에 따라 다르다는 누구의 글이 생각난다. 비석 앞에서 우연히 만난 수선화 몇 포기가 여행하는 내내 세월을 거슬러 생각케 한다. 지금은 이곳이 아름다운 관광지이겠지만 옹주(翁主)에게 지난 세월은 자신을 놓아버릴 정도로 힘든 삶터였을 것이다. 부두를 떠나오며 대마도의 산 너머 저편에 누군가를 두고 온 허전한 기분이다.

곁초보은 수크령

참 오랜만에 갑천변을 나왔다. 어제 비가 종일 온 후라선지 하늘도 물도 맑다. 하늘의 뭉게구름은 어느 조각가라고 그런 흉내를 낼 수 있을까 싶을 만큼 다양한 모양을 만들며 흘러간다. 쪽빛 바탕에 둥실둥실 구름들이 한가롭다. 엑스포 다리 밑으로 흐르는 물 위에 뜬 구름도 풍치를 더한다.

맑은 물을 따라 강변으로 펼쳐진 푸른 잔디는 어느 영화에서나 본 듯한 풍경이다. 유등천을 따라 거스르면서 천변의 둑방에 피어 있는 다양한 야생화가 발길을 잡는다. 자전거를 세우고 열심히 사진기에 담아본다. 하늘에 떠 있는 구름 배경이 금상첨화(錦上添花)다.

달개비 군락이 눈에 확 들어온다. 연보랏빛 작은 달개비 꽃들이 가을로 이어지는 길목에서 기세등등하게 뽐내고 있다. 보일 듯 말 듯 수풀 사이에 가까스로 몸집을 세우고 서 있다. 누군가 여러 종류의 우리 풀꽃을 심었으리라 짐작 된다.

방향을 돌려 다시 하늘의 구름을 감상하며 하류 쪽으로 방향을 잡는다. 몇 해 전인가 이곳에 와서 야생화에 빠져 한참을 머물다 간 기억이 있다. 야생화들은 여전히 그 모습으로 나를 반겨준다. 시민으로서 긍지를 갖고 이런 곳에 사는 것을 행복으로 여기자며 마음을 다잡던 생각이 난다.

정오(正午)를 막 지난 평일이라 한가하다. 어르신들과 젊은 어머님들이 어린이들과 한가롭게 망중한을 즐기고 있다. 깨끗하게 깎아 잘 정돈된 잔디가 싱그럽다. 전형적인 우리나라의 가을 날씨에 아직도 풀색은 푸르러 마음도 깨끗하게 씻어주는 듯하다. 두 하천이 만나는 다리 밑에서 여유 있게 낚시를 즐기는 시민들의 풍경은 외국의 유명한 강의 풍경과 비교해도 손색이 없을 듯하다.

둑방과 하천 고수부지를 따라 유난히 하늘거리는 풀이 눈에 들어온다. 대궁을 올린 채, 색깔도 별로고 무슨 별난 특징도 없다. 강아지 꼬리같이 생긴 꽃자루가 강아지풀 모양이다. 이맘때쯤이면 천변 옆으로 길게 늘어서 보송보송한 털을 달고 살랑거리는 풀, 수크령이다. 어릴 때는 그냥 강아지풀이라 불렀다. 웬만한 잡초면 정리 차원에서 모두 베어졌을 텐데, 수크령은 군락을 이루든 각각 떨어져 크든 제자리를 당당히 지키고 있다. 아마도 관상용으로 낙점을 받은 처지가 아닌가 싶다.

수크령은 벼과에 속하는 여러해살이풀이다. 길가나 공터에서 잘 자라며 키는 1미터 정도 자란다. 줄기는 여러 개가 뭉쳐나서 큰 포기를 이루고, 잎은 줄 모양이고 끝이 뾰족하며 아주 질기다. 겉모습은 강아지풀과 비슷하지만 훨씬 키도 크고 꽃차례도 크고 색도 진하며 억세다. 꽃은 8~9월에 붉은 빛을 띤 갈색으로 핀다. 꽃잎이 없는 꽃들이 원통형으로 달려 있는데, 가지에는 한 개의 양성꽃과 수꽃이 달린다. 종자는 약간 편평한 타원형이다.

자료에 의하면 수크령이란 이름은 남자(男子) 그령이란 뜻이 아니라고 한다. 암 · 수가 따로 있어 수정을 하여 번식하는 그런 관계가 아닌 것이다. 길가에서 흔히 자라고 수크령과 비슷한 '그령'이라는 풀이 따로 있다. 수크령 풀의 이삭 모양이 남성스러워 '수그령'에서 '수크령'이란 이름을 붙여 부르게 되었다고 한다. 다르게는 이삭 모양이 이리의 꼬리를 닮았다하여 낭미초(狼尾草)라고도 부른다. 또한 '그령'이란 풀이 비슷한 시기에 비슷한 모양과 꽃을 피워 서로 비교하다 보니 그런 이름을 지었지 싶다.

《약용식물도감》에 의하면 여름철 무성할 때 지상부(地上部)를 채취하여 약재(藥材)로 썼다. 효능으로는 눈을 맑게 하는 작용이 있어 눈이 충혈(充血)되고 아픈 증상을 치료한다. 민간에서는 몸속의 결석(結石)을 녹여 소변을 통해 내보내는 효능이 있다하여 이용했다고 한다. 약용으로 그 쓰임새는 자료가 많지 않은 풀이다.

또 다른 자료에는 이 풀이나 꽃이 화려하거나 특색은 없지만 조경(造景)의 소재도 되고, 이파리는 시루 밑의 깔개로 썼으며, 억센 풀로 공예품도 만들었다니 씀씀이가 꽤 있는 풀이기도 하다. 꽃이 달린 이삭은 꽃꽂이로도 많이 이용되고 있다.

며칠 전 대청호변에서 길 한가운데 수크령을 묶어 놓은 모습을 보고 옛 생각이 나 혼자서 한참을 웃었다. 학창시절 십리가 넘던 시골길을 걸어 다니며 개구쟁이 노릇하던 시절이 생각나서였다.

도랑을 따라 좁은 논둑길을 걷다보면 그령이나 수크령이 발목에 걸리적거리곤 했다. 등하굣길의 좁은 도랑길을 따라 양옆으로 길게 이어져 보송보송한 꽃을 하늘거리던 풀. 가을녘이면 꽃이삭에 맺힌 이슬이 신발을 흠뻑 젖게 했던 귀찮은 풀. 그 풀을 얽어매어 좁은 길을 지나던 여자애들의 발에 걸려 넘어지게 해 배꼽을 잡던 철부지 시절이 꿈같다. 바로 그령과 수크령이란 풀이었다.

옛이야기에 나오는 결초보은(結草報恩)의 풀이라고도 한다. 죽어서라도 은혜를 갚는다는 뜻의 고사성어(故事成語)로 그령이나 수크령의 풀을 이용하여 은혜에 보답했다는 이야기가 전해오는 풀이다. 풀의 특성을 이용한 사람들의 지혜가 담겨져 있는 내용이다.

천변을 따라 잘 정리된 잔디가 가을을 시샘하듯 더 푸르러 보인다. 그 가장자리를 따라 길게 이어져 수크령이 꽃밥을 달고 강아지 꼬리 흔들듯 살랑거린다. 포기 단위로 소복하게 모여 각자 자리를 잡고 진한 녹색의 이파리를 세우고 있다. 화려하진 않지만 독특한 외모(外貌) 때문에 관상용으로 이용되지 싶다.

단단한 땅 위에 메마르고 척박한 곳에서 자라 억센 느낌을 주는 풀이지만 강아지풀 같은 이삭은 연하고 부드럽다. 빽빽하게 난 작은 털 사이로 작은 열매들이 경쟁하듯 달려있다. 이름도 독특한 수크령이 인사로 손을 흔들듯 손짓하는 모양이다. 그 꽃이삭 위로 유유하게 흘러가는 흰 구름이 가을을 깊어지게 한다.

임 그리는 쑥부쟁이

뜰 안 감나무 잎이 된서리에 폭격을 맞은 양 풀색을 겨우 간직하고 바스락거린다. 잎이 모두 지고 감만 달려 있으면 정취가 좋으련만 그 바스락대는 감나무 잎사귀가 어수선하고 심란하다. 어느새 산천(山川)에도 싱싱했던 초색은 간 곳이 없다. 다 말라버린 나뭇가지가 허수아비처럼 흔들거리며 조용히 동면을 준비하고 있다. 이제 눈이라도 내리면 세상은 완연한 겨울풍경이다.

참 빠르게 일 년이 간다. 새싹이 돋았는가 싶었는데, 숲이 무성하고 이렇게 텅 빈 들판이 또 명년을 꿈꾸며 휴식에 들고 있는 것이다. 계절은 이렇게 부지런히 세상을 움직이는데 그냥 세월만 보내는 난 희끗희끗한 머리만 쓸어 넘긴다. 무심하게 떠가는 구름을 보며 '이렇게 한 세상 사는 것이다'란 생각으로 나도 무심하게 계족산 자락에 발을 들여놓는다. 등산객도 여름보다 절반이 줄었다. 그래도 꾸준하게 산행을 즐기는 사람들이 있어 주말 계족산은 풍성하다.

그런데 산행 초입 묏등 아래 신기하게도 분홍색 작은 꽃들이 군무(群舞)를 하는 모습이 보였다. 참 철없는 꽃들이다. 기온이 뚝 떨어지고 바람도 심한데 당장 눈이라도 내리면 그 꽃은 무슨 재주로 버티려고 아직 결실을 안 맺고 있는 것인지……. 파르르 떨리는 꽃잎이 안타까웠다. 구절초 같기도 하고 벌개미취인가 싶어 가까이 가보니 쑥부쟁이가 틀림없다. 들국화라는 이름으로 우리의 가을 들녘을 장식하는 꽃들인데 여기서 아직 철 늦은 꽃을 피우고 있는 것이다. 그 많던 꽃들을 다 보내고 앙상한 들판에 저만 홀로 방만하게 피어 하늘거리고 있다.

쑥부쟁이는 한국 · 중국 · 일본 · 시베리아 등지에 널리 분포하는 국화과의 여러해살이풀로 뿌리줄기가 옆으로 뻗으면서 높이 50센티미터 정도로 자라는 꽃이다. 원줄기가 처음 나올 때는 붉은빛이 돌지만 점차 녹색 바탕에 자줏빛이 돌기도 한다. 가만히 살펴보면 잎은 어긋나고 피침형이며 가장자리에 굵은 톱니가 있다. 꽃은 7~10월에 피고 10~11월에 결실을 맺는다. 꽃잎은 자줏빛이지만 한가운데는 봉긋하고 노란 물방울 모양의 꽃차례가 자리한다. 벌개미취랑 비슷하지만 벌개미취가 더 보랏빛이고 약간 윤기가 나며 통통해 보인다. 벌개미취와는 피는 시기도 비슷하고 꽃모양도 비슷해 구분이 쉽지 않은데 잎을 보면 가장자리에 굵은 톱니가 있는 것이 쑥부쟁이고 벌개미취는 윗부분에서 가지가 많이 갈라지는 게 특징이다.

쑥부쟁이는 이름도 촌스럽다. 가난한 산골 처녀의 순수하고 애틋한 사랑이 결실을 맺지 못하고 이승에 아픔을 남겨 놓은 채 저승으로 떠난 서글픈 전설이 있는 꽃이기도 하다. 사랑하는 임을 기다리다 이루어질 수 없는 인연임을 비관하여 죽은 후 쑥부쟁이 꽃으로 피어났다는 사연을 간직하고 있다. 그래서인지 쑥부쟁이의 꽃말은 인내 · 그리움 · 기다림이라고 한다.

이 꽃은 봄 · 여름에 연한 줄기나 잎을 삶아 말려 두고 나물로 먹기도 한다. 그뿐 아니라 약용식물로도 활용했다. 가을에 풀 전체를 채취하여 말려두었다가 달여서 복용하는데, 쑥부쟁이에 있는 플라보노이드 성분은 기침을 멎게 하는 작용을 하고, 사포닌 성분은 담(痰)을 제거하는 효능이 있다. 이밖에 생체 면역력을 증진 시켜 천식을 억제하며, 병에 대한 저항력을 높여주던 유용한 약용식물이었다. 현재 한방에서는 산백국(山白菊)이란 생약명으로 이뇨와 해열제로 이용되고 있다.

초겨울 바람에 부대끼며 마냥 흔들리는 쑥부쟁이 모습이 안쓰럽다. 겨울을 온 몸으로 맞고 서 있어서 그런지 가련하기도 하다. 흰색인 듯 분홍색인 듯 아리송한 꽃 색깔이 화려하지 않아 친근감이 느껴지기도 한다. 주말마다 산행을 하며 우리 산야초에 관심을 갖게 된 것도 벌써 십여 년이 넘는다. 처음엔 그저 이름 모를 꽃으로만 부르던 야생화에 이런 애틋한 사연이 있고, 또 우리 몸을 이롭게 하는 성분이 있다는 걸 알고 이제는 풀 한포기를 그냥 넘겨 지나치지 못한다. 6천여 가지의 식물이 자생한다는 우리 국토, 난대 · 온대 · 한대의 기후가 골고루 분포하고 사계절이 뚜렷한 기후가 질 좋은 풍토를 만들어 주는 우리나라, 그 자체로 우리 땅은 보물이다.

아기자기하고 곱게 물든 산천을 돌아보다 오늘은 누군가를 그리워하고 기다리다 꽃이 된 쑥부쟁이를 만난 것이다. 누군가를 그리워하고 기다리는 시간이 안타깝기보다는 아름답다고 승화시킬 수 있는 삶의 지혜, 그것을 배우는 산행(山行)이었다. 그 관조(觀照)의 삶을 돌아보는 초겨울의 노을이 지고 있다.

비녀꽃 옥잠화

이슬이 맺힌 옥잠화의 이파리가 싱싱하다. 산소로 향하는 길목에 빽빽하게 자란 옥잠화 군락이 눈길을 끈다. 울안에서 피는 꽃인데, 밭고랑을 따라 길게 이어진 모습이 특이하다. 거름이 충분해서인지 검푸른 잎들이 건강해 보인다. 깔때기 모양의 하얀 꽃이 예쁜 화초다. 어느새 하늘은 깊어지고 뽀송뽀송한 가을 날씨에 그윽한 향기가 코를 자극한다. 계절이 바뀌어도 옥잠화는 여전히 백색의 고운 나팔을 입에 물고 오가는 이를 맞는다.

옥잠화는 꽃대 끝에 여러 송이의 꽃이 달리는데, 아침에 피었다가 해가 지면 오므라드는 풀이다. 꽃이 핀 후보다는 피기 전의 터질 듯한 봉오리가 더 아름답게 보이는데, 선선하고 쾌청한 가을 날씨에 곱고 하얀 모습이 두드러진다. 한여름에 더위가 기승을 부릴 무렵, 무성한 잎사귀 가운데에서 길쭉한 꽃대가 올라오기 시작하여 꽃봉오리가 달린다. 꽃이 피기 전 꽃봉오리는 흡사 옥(玉)으로 만든 비녀와 같다하여 옥잠화(玉簪花)라는 이름이 붙여졌다. 꽃도 보기 좋지만 큰 녹색의 잎도 여름철 시원함을 느끼게 해주는 식물이다.

옥잠화는 백합과(百合科)에 속하는 여러해살이풀인데, 중국에서 들어온 귀화식물로 우리나라 어디에나 널리 자란다. 둥근형의 잎은 잎자루가 길고 끝은 뾰족하고 오목한 심장형이다. 잎맥은 가장자리와 평행으로 나란히 있는 모습이다. 꽃줄기는 뿌리에서 높이 올라오는데 긴 깔때기 모양의 꽃은 총상(總狀)꽃차례를 이룬다. 열매는 삭과(蒴果)로 삼각형 모양의 원주(圓柱)형태이다. 밀원(蜜源)식물로 잎과 꽃이 아름다워 원예용으로 재배되며, 잎은 식용하기도 한다. 이 꽃은 다른 이름으로 옥잠(玉簪) · 옥포화(玉泡花) · 자잠(紫簪) 등으로도 불렀다.

이 풀은 잎과 뿌리를 약용하는데, 건조된 것을 달여 먹든지, 날 것을 환부에 찧어 바르면 해열 · 소염 · 항균 작용이 있다고 했다. 한방에서는 잎을 인후염과 종기 · 피부염에 쓰이고, 화상(火傷)에는 날 것을 짓찧어서 환부에 붙이며, 유방염에 찧어 붙이면 해열 · 소염 작용의 효과가 있다고 한다. 민간에서는 잎자루를 목안의 가시가 걸린 것을 치료할 때 썼고, 종기나 탈모(脫毛)의 치료에 사용했다.

옥잠화에 관한 전설을 하나 소개하면, 옛날 중국에 피리의 명인(名人)이 밤에 정자(亭子)에서 피리를 불고 있는데, 달나라에서 한 선녀가 그 피리소리에 도취되어 정자까지 내려오게 되었다.

선녀의 요청에 따라 명인의 연주는 새벽녘까지 계속되었다. 마침내 닭이 울고 선녀가 하직인사를 하고 떠나려 하자, 명인은 서운한 마음에 기념으로 무엇이든 남겨줄 것을 요청하였다. 이에 선녀가 머리에 꽂았던 옥비녀를 뽑아 건네준다. 그 순간 옥비녀는 땅에 떨어져 깨어져버리고 말았는데, 그 자리에 피어난 꽃이 옥잠화였다고 한다. 그래서 옥잠화는 쪽진 여인의 뒷머리에 꽂힌 옥비녀를 닮았을지 모를 일이다.

우연히 마주친 옥잠화를 노래한 한시(漢詩) 한 편이 눈에 띈다.

戀戀贐儀破玉簪(연연신의파옥잠)
애틋한 이별의 정표 옥비녀 부서지니

香飄處處笛呦吟(향표처처적유음)
곳곳에 향기가 날려 피리 소린 듯 흐느낀다

墜花看殺傷心事(추화간살상심사)
떨어진 꽃만 해도 마음이 저미는데

摭拾無人恨更深(척습무인한경심)
거두어 줍는 사람 없으니 한만 다시 깊어라.

꽃은 너무도 고운데 관심을 주지 않는 인심(人心)의 서글픔을 읊은 노래가 아닌가 싶다.

들판에 살던 귀뚜라미가 집안으로 들어와 섬돌에서 울면 서늘한 가을이 왔음을 알리는 신호다. 그렇게 덥던 여름의 열기가 식어지고 점차 가을로 접어들면, 옥잠화는 꽃을 피우기 시작하여 향기를 낸다. 백옥(白玉)의 꽃봉오리는 정숙한 여인의 은은한 머릿기름 냄새가 날 듯한 비녀 같다. 선선한 날씨의 초록 바탕 위에 솟아 있는 하얀 꽃은 소박하고 담백한 느낌을 한층 더해준다. 그 꽃 위에 광목 치마 적삼에 풀을 먹여 곱게 차려 입고 주랭이에서 철렵(輟儠)하시던 어머님 모습이 포개진다.

용 쓸개 용담

눈발이 오다말다 길바닥을 촉촉하게 적셔 놓는다. 북구 어느 나라의 겨울을 연상하듯 우중충하고 을씨년스러운 겨울 오후, 날씨 덕에 심란스럽다. 기분 전환 겸하여 시내버스를 타고 마음 가는 대로 가보자고 중얼대면서 길을 나서 장수봉을 올랐다. 가끔씩 와 보는 곳으로 산이라고 할 것도 없다. 사람도 별로 다니지 않고 고즈넉한 산책을 즐길 수 있는 곳이다.

나뭇잎이 바닥을 덮고 나무들은 이미 동면(冬眠)에 든 듯하다. 잦아든 풀들이 흰갈색으로 퇴색하여 황량한 모습을 더한다. 산소 옆의 영산홍이 푸른색을 유지하고 그나마 풀색을 보이고 서 있다. 그런데 생뚱맞게 영산홍 분홍 꽃이 가지 끝에 매달려 나 보란듯 피어 있다. 올해에는 별스럽게 각종 꽃들이 계절을 헤아리지 못하고 12월을 넘어서도 피어 있는 모습을 자주 본다. 진달래 · 철쭉 · 개나리 · 벚꽃 · 박태기나무 등. 지구 환경의 변화로 따뜻한 날씨 덕에 식물들도 헷갈리는 것 같다.

앙상한 산책 풍경을 즐기며 습관적으로 풀숲을 더듬는다. 망개나무 열매가 빨간색으로 가지에 매달려 철봉놀이 하듯 대롱거린다. 초피나무 가지를 입에 잘근거리니 화한 기운이 입속으로 번진다. 나무 밑에 사그라진 강아지풀 사이로 보라색 꽃이 보여 깜짝 놀랐다. 용담꽃이다. 이파리는 붉은 갈색으로 이미 초겨울을 맞았는데 단아한 청색을 띤 보라 꽃은 성성하다.

용담은 늦은 가을까지 서리가 내리고 기온이 영하로 내려가도 꽃을 피우는 풀이다. 겨울 문턱의 삭막한 계절에 신비감을 주는 보랏빛 용담 꽃을 뜻밖에 만나니 신비스럽기도 하다. 긴 줄기에 마디마다 꽃을 매달고 비스듬히 누워 있다. 그렇게 생명력이 강해도 추위는 어쩔 수 없나 싶다. 마른 풀잎 아래로 길게 누워 칼바람을 피하고 있다.

용담(龍膽)은 용담과에 속하는 여러해살이풀이다. 전국의 산과 들에서 자란다. 키는 20~60센티미터로 줄기에 가는 줄이 있으며 굵은 뿌리를 가진다. 잎은 표면이 녹색이고 뒷면은 회백색을 띤 연녹색이며 마주나고 잎자루가 없이 뾰족하다. 2개의 잎 기부가 만나 서로 줄기를 감싸고 있으며 잎 가장자리는 밋밋하다. 종(鐘)처럼 생긴 꽃은 8~10월 무렵 줄기 끝이나 잎겨드랑이에 몇 송이씩 모여 자주색으로 핀다. 통꽃이지만 꽃부리는 5갈래로 조금 갈라지고 갈라진 사이에 조그만 돌기가 있다. 꽃이 많이 달리면 옆으로 쳐지는 경향이 있어 바람에도 약해 쓰러짐이 많다.

용담은 약재로 쓰이는 뿌리의 쓴맛이 '용(龍)의 쓸개(膽)보다 더 쓰다'하여 붙여진 이름이라고 한다. 용담초(龍膽草)·초용담(草龍膽)이라 하며, 과남풀이란 이름도 있다. 재배하기는 힘들지만 가을철을 아름답게 꾸미기 때문에 관상식물로 정원에 심기에 적당하며, 반그늘지고 조금 축축하면서도 배수가 잘되는 곳에서 잘 자란다.

한의 자료에 의하면 이 용담풀의 뿌리를 봄 또는 가을에 채취하여 약재로 쓴다. 약의 성미(性味)가 차고 쓰지만 독은 없다. 약리 작용으로 건위(健胃), 간(肝)을 보하며, 항염(抗炎) 작용이 있다. 그 효능으로는 간과 쓸개(膽)의 열로 인한 황달과 이질·가려움증·대하·습진 등에 활용되며, 만성전염성간염(肝炎)에 효과적이다. 또한 소량을 복용하여 건위제로 사용하였으나 '용담은 사(瀉)할 뿐이고 보익성(補益性)이 없으므로 장기간 혹은 대량 사용시 오히려 위(胃)를 손상시킨다'고 했다. 따라서 사용하고자 할 때는 반드시 전문가의 처방이 필요한 것이다.

민간요법으로는 급성 중이염으로 귓속이 붓고 고름이 나오고 아플 때 사용했고, 특히 위암(胃癌)에 효과가 좋은 것으로 알려져 있다. 그런데 이 풀의 뿌리는 맛이 몹시 써서 잘 먹지 않았다고 한다.

용(龍)은 전설에 등장하는 상상 속의 동물 이름이다. 그 동물의 쓸개[膽]를 풀이름에 붙였으니 옛사람들의 상상력에 감탄할 뿐이다. 아마도 그 쓴 맛이 심하여 위력을 가진 동물의 신체 일부에 비유했던 것 같다. 쓴맛이 워낙 강해 약으로 복용하기가 퍽 거북했던 약용식물이다.

마른풀이 얼기설기 겹쳐진 풀 속에 줄기를 뉘인 채 누워있는 용담 꽃이 애처롭다. 날씨가 흐릿해서인지 꽃봉오리도 오므리고 움츠려있다. 햇빛이 반짝하면 꽃잎을 펼칠 터인데 풀숲에 누워 웅크린 모습에 웃음도 나온다. 늦도록 꽃을 피운 자신이 한심해서일까 물끄러미 나를 쳐다보는 것 같다. 마디마다 꽃도 많이 달고 굵직한 봉오리가 탐스럽기도 하다.

어느 책에선가 용담 꽃에 관한 내용을 읽은 생각이 난다. 게으른 벌들이 꽃을 찾아다니다가 추워져서 용담 꽃을 만나면 꽃 속에 들어가 추위를 피한다고 한다. 실제 용담 꽃을 보면 봉오리가 통통하고 꽃잎 끝이 뾰족하게 생겨 돌돌 말린 꽃잎 속은 벌 한 마리 정도는 넉넉하게 견딜 수 있을 것 같다. 아침에 꽃이 피고 저녁이면 오므라드는 용담 꽃의 특성을 잘 이용하는 벌의 지혜가 대단하다. 그곳에서 하룻밤을 지내고 이튿날 햇볕이 따스하게 비치면 꽃이 열리며 벌은 다시 활동을 하는 것이다. 미물(微物)의 곤충이지만 자연의 오묘함이 신기할 뿐이다.

한참을 용담 꽃과 눈을 맞춘 후 마른풀을 덮어 주었다. 이 풀에겐 그대로 두어야 햇빛이라도 더 볼 수 있을 것 같았지만, 길게 누워 있는 모습이 바람과 추위에 지친 모습을 연상케 하여 안쓰럽다는 생각이 들어서다.

본래 가을꽃이지만 이맘때까지 볼 수 있는 풀이다. 가지 끝에 다닥다닥 붙어있는 꽃봉오리가 아직은 싱싱해 보인다. 여러 형제들이 어미 품에 안겨 얼싸안고 있는 모습이다. 곧 닥칠 엄동(嚴冬)에 하루라도 더 따뜻하게 지내라고 전언했다. 눈발이 거세지며 바람도 심하게 불어온다.

염주 닮은 율무

야외수업 사전 현장 답사차 한밭수목원을 들르니 동원(東苑)은 마침 쉬는 날이다. 약용식물원이 동원에 있기 때문에 들렀는데 헛수고한 셈이다. 서원(西苑) 정문을 지나는데 우리 꽃과 전통생활식물 전시회를 한다는 현수막이 눈에 들어온다. 그냥 지나치려다가 우리 꽃이란 글자가 기대 되어 한바퀴 둘러보고자 들어갔다. 서원은 쉬는 날이 아니니 문을 열어놓은 상태였다.

입구부터 길게 전시된 풀과 나무들이 인상적이다. 외래종 및 귀화식물도 있었지만 전부터 선조들이 식용하던 푸성귀부터 온갖 작물들이 정성스레 나열 되어 있다. 마늘 아욱 상추부터 호박 오이 수수 목화까지 아주 다양한 식물들을 접할 수 있어서 좋았다. 스슥쌀(서숙: 좁쌀의 일종)을 보니 산모롱이의 작은 텃밭에 어머님이 시나브로 심어두어 가을이면 무거운 고개를 숙인 채 바람에 일렁이던 모습이 가물가물 떠오른다. 어려서 보고 그동안 잊고 지냈던 곡물이다.

갖가지 모양의 호박과 헛간 지붕 위에서 뒹굴던 희고 둥그런 박까지 보니 옛 추억이 고스란히 살아난다. '초가지붕 위에 보름달 같이 둥근 박'이라고 글을 썼던 글짓기반의 여자 아이 생각도 난다. 행복한 유년을 더듬는 시간이었다. 맑고 푸른 가을 하늘 아래 곡식들이 영글어 가는 모습이 시골 들판을 거니는 느낌이다.

껑충하게 자란 수숫대가 짙은 자색의 열매를 단 채 익고 있다. 고개를 숙인 듯 바람에 일렁이며 길쭉한 이파리가 사각사각 소리를 낸다. 밭 가장자리에 덤으로 심었던 수수, 열매를 잘라낸 후 긴 줄기의 끄트머리를 꺾어 골목을 밀고 다니던 장난감이었다.

그 키를 질세라 바로 옆에 율무가 수수의 사촌지간은 되는 것처럼 비슷한 모양으로 껑충하게 서 있다. 벌써 율무가 익어 까뭇까뭇하게 변해 있다. 열매는 껍질이 유리로 만들어진 것처럼 반들반들하게 윤기를 내며 염주(念珠)와 비슷하다. 입에 물어보니 꽤 단단하다. 보리알처럼 생겼는데 방아를 찧어야 먹을 수 있고 밥에 넣으면 차진 식품이다.

율무는 벼과의 한해살이풀로 밭작물인데 전국적으로 재배한다. 줄기는 키가 1~2미터 정도 자라고 한 줄기에 여러 대궁이 분열하여 큰다. 잎은 어긋나고 피침형인데 밑 부분은 잎집이 된다. 꽃은 7~8월에 잎겨드랑이의 아래에 암꽃이 달리고, 수꽃은 암꽃을 뚫고 위로 나온다. 열매는 껍질이 유리처럼 반들반들한데 갈색으로 익는다. 가을에 채취하여 식용하며 햇빛에 말려서 볶아서 차(茶)로 먹는다. 열매는 염주(念珠)를 만들기도 한다. 율무는 진주알처럼 동글동글한 타원형인데 속이 하얀 곡물(穀物)이다. 오래 전부터 인간이 재배한 것으로 알려져 있다.

한방에서는 가을에 성숙한 종자를 채취하여 겉껍질을 제거한 후 약재로 쓴다. 의이인(薏苡仁)이란 생약명으로 복수암(腹水癌) 억제, 진경(鎭痙)·지사(止瀉)·진통·해열 작용 등의 약리성이 있다. 그 효능으로는 비위(脾胃)가 허약하여 소변이 잘 나오지 않는 증상이나 설사에 효과가 있다. 습(濕)이 원인이 되어 생긴 사지 마비 동통(疼痛), 근육이 땡기고 아픈 증상에 좋다. 열을 내리고 고름을 배출시키므로 폐농양·맹장염 등에도 활용된다.

민간요법으로는 위(胃)가 약한 사람의 식욕부진에 율무를 밥으로, 차(茶)로 또는 반죽하여 죽(粥)으로 먹었다. 또한 선조들은 이 곡식을 먹으면 소변이 잘 나와 신장염이나 방광결석에 이용했다. 특히 미용 효과가 있어서 여자들은 피부의 영양 공급에 팩으로도 사용하고 다이어트 식품으로도 알려져 있다.

결혼 초기에 처가에 들르면 위가 약한 사위에게 장모님이 반드시 율무밥, 율무부침개 등을 챙겨 주셨다. 특히 위궤양에 좋아 영양식으로 많이 챙겨주셨던 것 같다. 직접 농사를 지어 미숫가루로도 보내 주셨다. 칼로리가 높은 율무가 신진대사를 활발하게 하고 위장질환에 좋으며 신경을 안정시킨다고도 하니 세상에 안 계신 장모님의 혜안(慧眼)이 그립다. 십 년 전 위암에 걸려 투병 시에 이 율무를 계속하여 복용했었다. 젊은 날 건강관리에 소홀

했던 대가를 톡톡히 치른 셈이다.

네모진 화분에 율무를 심어 키운 열매를 보니 도심에서도 재배가 가능한 식물이구나 싶다. 뜻밖의 식물전시회를 만나 우리가 잊고 있었던 채소, 생활식물, 곡물류 등을 만나보니 반갑다. 농촌에서 자란 내겐 전시된 식물마다 고향 고샅고샅의 추억을 떠오르게 한다. 작물마다 심었던 밭과 골짜기가 구분되었었다. 어머님에게 이끌려 하기싫은 농사일을 마지못해 다녔던 기억이 아득하다. 구경하는 어른들도 빨리 지나치질 못한다. 똑같은 감정이지 싶다.

율무는 어렸을 적 본 적이 없다. 장가들고 처가 일을 돕다보니 처음 본 작물이었다. 농업 선생님이셨던 장인(丈人)의 취미 겸 재배로 넓은 밭에 여러 가지를 심었던 것 중에 하나였다. 그래서 율무를 흔하게 먹었다. 튀밥으로도 먹었으니 그땐 흔했던 잡곡이었다.

평일 오후라선지 관람객은 그리 많지 않으나 어른층은 계속 이어진다. 각자의 관심사에 따라 해당 식물 앞에서 두런두런 이야기가 멈추질 않는다. 아름다운 모습이라기보다 잊고 있던 추억의 식물들이기에 더욱 소중해서였을 것이다. 어디 하나 소홀하게 지나칠 식물이 없다. 우리의 전통적인 자산이고 역사며 정신이다. 엑스포 광장 하늘 위를 드리운 쪽빛 차일(遮日)이 축복해주는 것 같다.

우리나라 바나나, 으름덩굴

연화산으로 향하는 도로는 코스모스가 만발하여 오가는 이를 기쁘게 하고 있다. 날씨에 걸맞게 맑고 청초한 색깔이 가을정취를 더해준다. 황금색으로 도배를 한 논에는 벼들이 제 몸무게를 이기지 못하고 고개를 숙인 채 추수를 기다린다. 목천 인터체인지를 벗어나자 그림 같은 풍경이 펼쳐진다. 플라타너스 가로수는 이파리가 풀색 없이 너울너울 가을을 맞고 있다. 기다리는 친구를 생각하며 갈 길을 재촉한다. 연화산 자락에서 전원생활을 하는 친구네 집들이에 초대를 받아 아침부터 서둘러 가는 중이다.

야트막한 산들이 연달아 길을 안내하는 전형적인 시골 풍경이다. 밖을 구경하랴 전방도 주시하랴 바쁘다. 구불구불한 도로를 지나 지평선 끝에 저 멀리 친구 부부가 손사래를 치며 마중한다.

산 아래에 소박하고 아담한 황토 흙집이 눈길을 끈다. 인생 후반에 손수 이 집을 짓고 오순도순 재미있게 살아가는 친구다. 아내의 대장암 수술을 잘 마치고 간병 차 이렇게 시골을 택해 생활하고 있다. 후반에 누구나 한 번쯤은 겪을 법한 인생의 굴곡이 친구에게도 찾아온 것이다. 핼쑥한 친구의 아내 얼굴이 안쓰럽다.

짐을 풀고 친구와 나는 뒷산으로 밤이나 주우러 가자고 나섰다. 낮은 산이지만 인적도 드물고 숲과 풀이 우거져 지나는 길이 쉽지 않다. 제일 먼저 높은 다릅나무에 다닥다닥 붙은 다래가 우릴 반긴다. 그 아래 노박덩굴의 열매가 노랗게 수를 놓고 있다. 마른 수풀 속에서 고라니 새끼가 놀라 이리 뛰고 저리 뛰고 난리법석이다. 저만 놀란 것이 아니라 내가 더 놀랐다. 한 숨을 돌리고 나니 밤나무 위에 으름덩굴이 눈에 띈다. 높은 가지 위에 바나나 모양의 으름이 매달려 벌어진 채 세월을 보내고 있다. 찾아주는 사람이 없으니 귀한 으름이 저 지경이 되도록 매달려 있는 것이다. 참 보기 드문 모습이다. 지나는 사람이 많으면 이 모습이 그대로 있을 리 만무다. 주렁주렁 매달려 벌어진 모습이 참 얄궂다.

친구와 여유 있게 나무에 올라 으름열매를 땄다. 두 바구니는 족히 될 성 싶다. 씨앗이 많아 먹을 양은 적지만 달고 입에 붙는 맛이 일품이다. 친구는 으름이 우리의 토종 바나나임을 침이 마르게 자랑한다. 늦게 올 다른 친구들에게는 추억의 먹거리가 될 것 같다. 어린 시절 으름열매를 따 먹으러 앞 다퉈 산에 올랐던 시절이 생각난다. 시골 친구들은 모두 이 으름의 추억을 갖고 있을 것이고, 탐스럽게 생긴 열매를 한번쯤은 먹어보았을 것이다. 어릴 적에 맛보았던 으름 맛은 기억 속에 가물거리지만 달콤하고 부드러웠다.

으름덩굴은 으름덩굴과에 속하는 목본성(木本性) 덩굴식물이다. 나무를 감싸며 길이가 5미터까지 뻗어 자란다. 잎은 잔잎 5장이 둥글게 모여 어긋나거나 모여 난다. 꽃은 4~5월경 잎겨드랑이에서 총상(總狀)꽃차례를 이루며 암꽃과 수꽃이 따로따로 한 그루에 핀다. 수(數)가 많은 수꽃은 작고 수가 적은 암꽃은 크며, 암꽃과 수꽃 모두 꽃잎은 없고 보라색의 꽃받침잎만 있다. 자갈색의 열매는 장과(漿果)로 9~10월 무렵 약간 구부러져 익는다. 열매는 두꺼운 껍데기로 싸여 있고, 익으면서 가운데가 벌어지며 흰색의 단맛을 지니는 바나나 같은 뽀얀 과육이 드러난다. 과육 속에는 검정색 씨앗이 빼곡하게 들어있다. 과육은 날 것으로 먹으며 단맛이 난다.

한방에서는 으름덩굴의 줄기를 목통(木通)이라 하며, 통초(通草)·정옹(丁翁)·복등(葍藤) 등의 이름으로 불리어 약재로 사용한다. 이 약재는 강력한 이뇨(利尿) 작용이 있어 소변을 잘 나가게 하는 효능이 있다. 민간요법으로 줄기와 뿌리를 9월에 말려 달여 마시면 수종(水腫)에 효과가 있다고 했다. 봄에 줄기 껍질을 말려 삶은 물로 씻으면 눈병이 낫는다고 했고, 가을에 열매를 먹으면 울화증(鬱火症)에 효과가 있다고 했다. 또 산모의 젖이 부족할 때 잎을 달여 먹으면 좋다고 했다.

약재로 쓰기 위해 채취할 경우는 5~6년 된 줄기를 가을과 겨울철에 가지 부분을 자른 다음 햇볕에 말리거나 불에 말려서 사용하고, 뿌리는 가을과 겨울철에 채집해 햇볕에 말려 사용한다. 열매는 성숙기인 가을에 과피(果皮)가 벌어졌을 때가 채집하기 적당한 시기이며, 밧줄로 묶어 그늘에 말려 약용한다.

오래 전 일이다. 만수산에서 으름덩굴을 채집하여 울안에 옮겨 심은 적이 있다. 참죽나무를 타고 높이 올라 봄철에 연한 자줏빛 꽃들이 방울처럼 매달려 그윽한 향기가 좋았던 추억이 있다. 이웃집도 좋아라했던 으름덩굴이 이렇게 도시에서도 잘 자라는구나 생각했었다. 독특한 꽃모양과 색깔에 매력이 있고 가을에 매달린 열매가 탐스러운 나무다. 쩍 벌어진 열매 속의 우윳빛 속살은 신기한 모습만큼이나 맛도 좋다. 맛은 달콤하나 씨앗이 많아 우물우물하다가 씨앗까지도 그냥 삼키게 된다. 씨앗을 깨물면 아리고 쓴맛이 난다. 가을철 열매로 둥글고 탐스럽게 생긴데다가 익으면서 껍질이 벌어지는 신기한 모습으로 누구나 눈길을 끄는 마력이 있다.

으름과 다래를 딴 바구니를 들고 하산한다. 고라니 새끼가 쉬던 풀 속의 앉은 자리가 반반하다. 풀빛도 퇴색이 역력하다. 물기도 빠지고 지상부가 말라가며 쓸쓸한 모습을 더한다. 바지에 쇠무릎 열매와 도깨비바늘 투성이다. 물봉선만 분홍빛을 띠고 싱싱하다. 영락없는 가을이다. 자연은 겨울 준비가 이미 시작된 것이다. 사람도 늙고 계절도 늙는다. 아기자기한 가을 정취를 건강하게 볼 수 있어 행복한 하루다. 친구들과 안식구가 한자리에 다 모이니 더더욱 좋다. 뽀송뽀송한 가을날에 우리 우정도 들녘의 나락만큼이나 익었지 싶다. 물 좋고 공기 맑은 이곳에서 사는 친구와 아픈 아내의 건강과 행복을 빌어본다.

팔랑개비, 으아리

엊그제 내린 눈으로 골목마다 빙판이다. 이렇게 빙판이 지면 햇빛이 안 드는 골목길은 겨우내 얼음길이다. 발자국으로 다져진 눈길 때문에 오가는 이들은 잔뜩 웅크린 채 종종걸음을 친다. 대문 앞에는 빗자루질 흔적이 있는 곳에만 바닥이 보인다. 한 옆으로 밀어붙인 눈은 그대로 겨울을 날 것이다. 도시 주택가의 전형적인 겨울 모습이다.

콘크리트와 아스팔트로 덧칠된 풍경은 을씨년스럽다. 우린 이미 익숙해져 있으니 별 반 신경을 안 쓰고 살아가지만 고개를 들어 흰 눈이 덮인 먼 산을 보면 그 삭막함이 느껴진다. 깨끗하고 순박한 자연의 품이 우리가 살던 아늑한 곳임을.

강의차 매주 두 번씩 지나치는 이 골목길에 아담한 사찰(寺刹)

이 있다. 화단에 갖가지 식물을 심어 사람들의 눈길을 끈다. 매번 지나칠 때마다 휘 둘러보고 눈인사를 하는 곳이다. 봄철부터 가을까지 돌단풍·뻐꾹나리·삼지구엽초·미선나무·으아리 등이 연이어 꽃을 피워 사람의 마음을 흐뭇하게 해 준다.

바위틈에서 한겨울을 보내고 있는 바위취가 싱싱한 잎으로 추위가 대수롭지 않다는 듯 푸른 잎을 달고 있다. 그 옆에 앙상한 줄기로 마른 잎을 단 채 미선나무에 기댄 으아리가 버티고 서 있다. 솜사탕 같은 털보숭이 열매를 단 채 누렇게 마른 이파리가 아직도 잎맥이 보일 정도다. 한여름 싱싱한 잎에 현란한 꽃을 줄줄이 달고 우아한 자태를 뽐내던 풀이다.

으아리는 미나리아재비과에 속하는 여러해살이 덩굴성식물이다. 키는 2미터까지 자라고 잎은 잔잎으로 이루어진 겹잎으로 마주 난다. 잔잎은 난형(卵形)이며, 잎 가장자리는 밋밋하고 잎자루는 덩굴손처럼 자라기도 한다. 꽃은 6~8월에 줄기 끝이나 잎겨드랑이에서 무리지어 하얗게 핀다. 꽃잎은 없고 4~5장의 하얀색 꽃받침잎이 꽃잎처럼 보이며 수술과 암술은 많다. 열매는 9월에 수과(瘦果)로 익고, 털이 있는 꼬리가 달린다. 이른 봄에 새순을 삶아 나물로 먹기도 하지만 약간 독성이 있어 주의해야 한다.

한방(韓方)에서는 으아리와 큰꽃으아리의 뿌리를 위령선(威靈仙)이라 하여 약재로 쓴다. 한의 자료에 의하면 순환기계통에 작용하여 혈압을 내리고 진통, 항균(抗菌), 세균억제의 약리 작용이 있다. 풍습(風濕)을 제거하여 통증을 가라앉히므로 관절통, 사지마비, 허리와 다리의 통증, 근육의 마비를 풀어주는 효능이 있다. 타박상으로 욱신거리는 통증이 있을 때도 효과가 있다. 그리고 담석증에 물을 넣고 달여서 매일 마시면 담즙(膽汁)의 분비를 현저하게 증가시키기 때문에 효력이 있다.

위령선(威靈仙)이란 생약의 이름에서 보듯 약효(藥效)가 신속하고 영험(靈驗)하여 병증 치료에 잘 듣는다고 한다. 그렇지만 약의 특성상 오래 복용하거나 용량이 많으면 오히려 부작용을 일으킬 수 있어 전문가의 처방이 필요한 약재다.

민간요법으로는 생선가시가 목에 걸렸을 때 설탕을 넣고 끓인 물을 입에 물고 있으면 서서히 넘어간다고 했다. 또한 딸꾹질에 꿀을 넣고 달여 마시면 효과적이었다. 신경통이나 관절이 아플 때에 이용했다. 특히 요통(腰痛)에는 뿌리를 술에 담근 뒤 말려 가루로 환제(丸劑)한 후에 술과 같이 먹으면 효과가 있다고 한다.

으아리는 우리나라 산기슭이나 숲 가장자리에 흔히 자라는 풀이다. 초여름에 꽃을 피우고 그 꽃 피는 기간이 길어서 오래도록 볼 수 있다. 향기도 좋아서 화분에 심으면 실내에서도 탐스러운 꽃과 향기를 즐길 수 있다. 또 한겨울까지 달려 있는 열매가 독특해서인지 화단에 심기도 한다. 흰 솜을 단 선풍기 같은 열매의 모습이 특이하여 보는 이에게 즐거움을 주기도 한다.

꽃도 흰 꽃잎처럼 보이지만 사실은 꽃이 아니고 꽃받침이 변한 것이다. 실제의 꽃은 하늘로 솟은 부분이 꽃이다. 꽃의 크기가 너무 작아 나비나 벌들을 유인하기 어려우니까 헛꽃을 크게 해서 수분(受粉)하는 방법을 택한 것이다. 요즘은 이 꽃을 개량하여 흰꽃은 물론, 빨강 · 노랑 · 보라 등의 여러 품종으로 기르고 있다.

앙상한 미선나무에 걸쳐서 거무튁하게 변해 버린 으아리 줄기가 처량하다. 진보랏빛 큰 꽃을 자랑하던 지난 철이 꿈만 같다. 골목길 찬바람에 시달리는 마른 잎과 줄기는 풍전등화(風前燈火)다. 세월 앞에 장사 없다고 팔랑개비 같은 모습의 흰털이 달린 열매는 곧 바람에 날려 어디론가 떠날 것이다. 그렇지만 이 으아리는 한 해 최선을 다해 종족을 퍼뜨리는 지상 최대의 의무를 다하고 보람 있게 한 해를 마친 것이다.

미끄러운 눈길을 종종걸음 하려니 오금이 저리다. 그래도 그 화단에 눈길을 주어 풀들의 상태를 본다. 이제는 버릇이 되어 화단을 빙 둘러보는 버릇이 일상이 되었다. 맨땅이 되어버린 화단에 나무 몇 그루만 서 있는데도 꼭 인사를 하고 지난다. 수 년째 이 길을 지나치며 이런 화단을 만들어 준 주인에게 고맙다는 생각을 한다. 내년 봄을 기약하며 으아리의 뿌리가 건실하기를 바란다.

은방울 달린 은방울꽃

친구들과 정선(旌善) 5일장을 구경할 겸 나들이를 떠난 버스 안은 모두 들떠 있다. 5월의 신록(新綠)은 그 기분을 한층 더 고조시킨다. 편안한 마음으로 머리도 식히고 게다가 힘들게 산에 오를 일도 없는 날이다. 자지러지는 웃음소리가 분위기를 대신한다. 부부동반 하여 가끔씩 벌이는 행사다. 각자 아내에 대한 일종의 서비스날인 셈이다.

박달령휴게소의 아기자기한 모습을 돌아보며 시원하고 맑은 공기를 깊숙이 들여 마신다. 다람쥐 쳇바퀴 돌 듯 반복 되는 생활에서 일탈하니 또 다른 세상이 있구나 싶다. 그것이 바로 생활의 활력소가 되는 셈이다. 병풍 같은 주변의 먼 산까지 녹음이 짙고 휴게소의 화려한 꽃들이 계절을 말해준다.

정선의 시장이라고 별반 다를 바는 없다. 왁자지껄한 시장 사람들이 무리 지어 가고 오는 모습, 산골답게 나물류와 특산품, 제철을 만난 곤드레가 시장 고샅마다 수북이 쌓여 손님을 부르고 있다. 사람 사는 모습이 어디라고 다르랴 싶다. 각지에서 오는 관광객 겸 손님들로 시장골목은 인산인해(人山人海)다. 말이 첩첩산중이지 이곳은 이미 관광명소였다. 곳곳에는 차들로 발 디딜 틈이 없이 가득하다.

화암동굴을 오르는 길목에 손질이 잘 된 푸른 화단이 가지런하다. 그 아담한 꽃밭에 은방울꽃이 가득 했다. 무심코 지나려다 군락을 진 모습이 이채로워 이파리를 들춰보니 올망졸망 하얀 은방울꽃이 앙증맞게 매달려 있다.

일반적인 식물의 꽃은 벌과 나비 등 곤충을 맞아 수분(受粉)하려 줄기 위에 피는데 이 풀은 특이하게 잎줄기 아래에 꽃을 피운다. 가느다랗게 수직으로 세운 연약한 줄기에 여러 개의 작은 꽃망울을 달고 있는 재미있는 풀이다. 그 꽃 모양이 마치 종처럼 생겼고 아이들이 차고 다니는 은방울과 비슷하여 은방울꽃이란 이름이 붙여진 듯하다.

은방울꽃은 백합과의 여러해살이풀로 뿌리줄기가 옆으로 기면서 자란다. 땅 위로 잎과 꽃자루만 나오는데 잎은 두 장이 마주보며 나며 잎자루가 긴 특징이 있다. 키는 어른 손 한 뼘 정도 자란다. 꽃은 5~6월경에 흰색으로 피며 동그란 열매는 가을에 붉게 여문다. 번식은 주로 땅속줄기가 길게 뻗어가면서 마디마다 수염뿌리의 눈에서 새순을 낸다. 그래서 산지에서 넓게 군락을 지어 자라며 생명력도 번식력도 강한 풀이다. 이 풀은 꽃모양도 예쁘지만 향기가 좋아 향수화(香水花), 난초처럼 품위가 있다하여 초옥란(草玉蘭)·영란(鈴蘭)·오월화(五月花) 등으로도 부른다.

은방울꽃은 꽃향기와 아름다움에 비해 독초(毒草)로 분류되는 식물이다. 그래서 나물로는 먹지 않는다. 대체로 꽃이 피는 시기에 그 독성이 가장 강하다고 한다. 생김새가 산마늘과 비슷하여 혼동되고 봄나물 채취 시에 주의를 요하는 식물이기도 하다. 하지만 관상용으로는 아주 인기가 많은 풀이다.

한방에서는 풀 전체 또는 잎을 영란(鈴蘭)이란 생약명으로 약용한다. 특히 강심(强心) 작용이 강하여 심근(心筋) 쇠약증에 활용된다. 심장질환에 의한 두통·현훈(眩暈)·심장부정맥 등의 증상을 개선시키는 효능이 있다.

민간요법으로는 은방울꽃의 열매를 혈액순환 촉진제로 사용했으며, 뿌리는 말려서 심장이 약한 사람에게 썼다. 또한 소변을 잘 나오게 하는 이뇨(利尿)에 응용했고, 타박상·종기에 처방했다고 한다. 이 풀을 약재로 사용할 때에는 독성이 강하기 때문에 반드시 전문가의 처방(處方)을 받아야 한다.

산행(山行)을 하다보면 산등성이에 나무가 없고 햇빛이 많은 곳이면 은방울꽃이 영역을 넓히며 집중적으로 자라는 모습을 가끔 본다. 잎자루를 길게 올리고 두 손을 마주 펴듯 서 있는 모습이 흥미롭다. 꽃이 필 시기가 되면 잎자루 사이로 감추어 둔 꽃대를 내밀듯 슬며시 밀어 올린다. 이파리 아래로 작고 가는 꽃대에 방울을 단 듯 수줍게 꽃을 피운다. 그 연약하고 수줍은 꽃모습이 귀엽기도 하고 애처롭기도 하다. 그래도 어느 유명 연예인 결혼식 때에 은방울꽃 부케를 사용했다고 한다. 그래서 꽃말도

순결, 행복인가 보다.

작고 소박한 풀 한 포기에서 먼 날의 전설을 암시하는 듯한 느낌이 온 몸으로 전해온다. 연한 녹색의 이파리 아래에서 청순한 모습으로 살포시 고개 숙이고 피어 있는 은방울꽃. 말 못할 사연을 묵언(默言)으로 전하고 있는 것은 아닌지.

햇빛이 작열하는 5월 어느 날 강원도의 녹음 속에서 맑은 공기를 마시고 그것도 모자라 신비한 땅 속의 공기까지 마시고 온 나들이였다. 그 길에 우연히 만난 은방울꽃. 푸르름만 보였지 그 아래 숨겨진 은방울은 못 볼 뻔 했다. 은은한 꽃향기에 취해 한참을 만지작거렸던 그 숨겨진 아름다움이 그것뿐이랴. 은둔의 미(美)는 바로 우리 선인들의 삶이 아닌가라는 생각도 해 보게 된 여행이었다.

귀신 쫓는 음나무

세천동 유원지 부근으로 야외 수업을 다녀왔다. 풀들이 제법 키를 세우고 나뭇잎도 한여름 못지않게 웃자라 있다. 초록내음이 그윽하고 공기도 신선하다. 동네 입구의 음나무에 어린순이 먹기 좋을 만큼 자랐다. 험상궂은 가시 곁에 보드랍고 윤기 나는 잎이 반 뼘쯤 크고 있다. 늘 이맘때면 옻순에 참죽순, 멸구나무, 홑잎나무 잎들이 밥상을 풍성하게 한다. 음나무의 어린 순도 쌉싸름하여 입맛을 돋우고, 향기도 독특하여 고급 봄나물로 손색이 없다. 별다른 조리법이 필요 없이 살짝 데쳐 무치기만 해도 맛있는 나물이다.

어린 순을 만져보니 보들보들한 게 어린아이 살결을 만지는 것 같다. 흉측한 가시가 있는 나무에서 이렇게 보드라운 잎사귀가 나오다니 신기하다. 뾰족한 가시가 금방 찌를 듯한 자세다. 자신을 보호하기 위한 장치이겠지만 가시의 자리가 일정한 간격으로 빈틈이 없다. 그렇다고 수명이 다할 때까지 가시가 있는 것은 아니다. 나이가 많아지면 줄기의 가시가 사라진다. 마치 사람이 성인(成人)이 되면 연륜이 지혜로 바뀌듯 음나무도 성장을 하며 스스로 가시를 제거하는 것이다.

예로부터 음나무는 가시가 많아 잡귀 등의 나쁜 기운을 쫓고, 액운을 물리쳐 준다는 길상목(吉祥木)으로 생각했다. 선인들은 이 날카롭고 억센 가시가 재앙을 막아준다고 믿었던 것이다. 울타리 주변에 탱자나무를 심었던 것과 다를 바 없다. 마을 어귀나 마당에 심어 기르거나, 문설주에 가시가 많은 줄기를 걸어 나쁜 귀신(鬼神)이 범접하지 못하게 했던 나무다. 그렇게 하여 마을 주민이나 가족의 안녕과 무병장수를 기원하였던 것이다. 또 이 나무는 장수(長壽)하여 천여 년이 넘게 산다. 강원도 삼척(三陟)의 궁촌리에 있는 음나무는 마을을 지키는 수호신으로, 천연기념물로 보호를 받는다는 것이다.

내 고향 마을 한 가운데에 4백 년 된 고택(古宅)이 있었다. 조선시대의 세도가였던 사대부(士大夫)의 전형적인 주택이었다. 그 집을 들어서면 높다란 솟을대문 천정에 걸려있던 굵은 음나무 줄기가 눈에 띄는데 퍽 인상적이었다. 커다란 빗장문 위에 가시가 다닥다닥 붙은 음나무 가지였다. 그 나뭇가지가 귀신을 쫓아낸다는 것이다. 지금 그 고택은 사라지고, 그나마 남아 있던 행랑채도 기왓장이 내려앉아 서까래가 다 드러난 흉가(凶家)가 되어 있다. 도깨비방망이 같던 음나무 가시의 위력이 사그라졌음일까. 집안을 지켜주고 액운을 막아준다던 음나무에 대한 속설(俗說)도 부질없다. 세월의 무상함을 느낀다.

음나무는 25미터 이상의 교목(喬木)으로 자란다. 잎은 어긋나며 가지 끝에서 모여 난다. 잎 끝은 길고 뾰족하며 밑 부분은 심장형이다. 가장자리에는 조그마한 톱니가 있다. 꽃은 7~8월에 가지 끝에서 산형(傘形)꽃차례에 황록색으로 핀다. 열매는 구형이며 흑색으로 둥그렇게 익는다. 가지에는 가시가 많으며, 줄기에도 가시의 흔적이 남아 있다. 다른 이름으로는 개두릅나무 또는 엄나무로 불린다. 엄나무란 이름은 나무의 한자 이름이 자추(刺楸) 또는 엄목(嚴木)이어서 그렇게 부르는 것 같다. 꾸지뽕나무 · 산초나무 · 유자나무 · 보리수나무 · 오갈피나무 등과 같이 가시가 있는 나무는 찌르는 성질이 있기 때문에 기혈(氣穴)을 소통시키고 혈액순환을 해주는 효능이 있어서 약재로 사용되었다.

이렇게 음나무는 예로부터 사람에게 유익하여 버릴 게 없는 나무였다. 한방에서는 해동피(海桐皮)라는 생약명으로 가시를 긁어낸 나무의 줄기껍질을 약용한다. 진통 작용과 포도상구균을 억제하는 약리작용이 있어 신경통이나 관절염에 응용했다. 민간요법으로 속껍질은 신경통에 쓰였고, 나뭇가지는 삼계탕에 넣어 먹으면 관절염에 효능이 있어 애용해 왔던 식물이다.

며칠 전 닭백숙집에서 가시가 무성한 음나무 잔가지를 얻어다가 현관 밖의 꽃병에 꽂아두었다. 예나 지금이나 사람들의 미래에 대한 불안함은 마찬가지이다. 그들이 절실해 했던 것을 오늘 나도 답습하고 있는 것이다. 혹여 있을 지도 모를 액운이 우리에게 오지 않길 비는 마음에서였다.

시골내음이 물씬 나는 마을이 반갑다. 작은 밭떼기 사이로 납작 엎드린 슬레이트지붕은 초가지붕이었던 흔적이 여전히 남아 있다. 대문 앞의 우뚝 솟은 참죽나무는 고향집을 추억하게 한다. 밭둑의 비탈진 곳에 서 있는 음나무의 이파리가 무성하다. 어린 순을 나물로 먹기 위해서였는지, 아니면 동네의 안녕을 비는 수호신의 역할을 기대해서였는지 누군가가 많이도 심어놓았다. 아침 햇살에 반짝이는 연초록 음나무 잎 사이로 보이는 하늘색이 짙다. 갓 자란 줄기에 초록의 가시들이 촘촘하다. 솟을대문 천정의 가시나무 가지가 눈에 어린다. 음나무 가지가 특별하게 보이는 오전 수업이었다.

엄마에게 좋은 익모초

아침에 현관문을 열고 깜짝 놀랐다. 눈이 온다는 예보는 있었지만 소복하게 쌓인 눈이 발목을 덮을 정도니 간만에 많은 눈이 내린 셈이다. 계단을 내려가며 눈을 치우고 눈가래로 골목길을 밀고 나니 땀이 날 정도로 덥다. 해마다 느끼지만 도심 속 인심이 눈 치우는 것도 인색하다. 눈을 안 치우고 밟아서 다져지면 골목길은 겨우내 빙판길이다. 행길까지 길을 내니 지나기가 한결 낫다.

옥상의 눈을 양지(陽地)로 치우고 봉황정을 보니 눈 천지다. 흰 바탕에 소나무를 그린 듯 푸릇푸릇한 설경이 장관이다. 아침을 먹고 마침 한가한 시간이라 집을 나섰다. 눈길이 빙판이니 모두 펭귄걸음이다. 길목이 반들반들 다져져 등산화를 신었어도 엉금거리며 지난다.

공원에는 흰 눈 위에 누구의 발자국도 없이 깨끗하다. 일부러 공원을 가로 질러 지나친다. 공원길 경계로 아직도 푸른 잎을 지닌 측백나무와 하늘로 솟은 신우대가 골목길을 지키고 있다. 앙상한 가지 위에 눈꽃을 실은 참빗살나무와 배롱나무 사이에 대나무 종류인 신우대는 여전히 싱싱한 이파리로 버티고 있는 것이다. 그렇게 변함없이 사철 푸르니 옛 선인들의 눈길을 많이 받았던 나무인 것 같다.

눈 속에 파묻혀 웅크린 나지막한 식물들이 형체를 알아볼 수 없다. 눈꽃이라 여겨 아름답기보다 애처롭다. 이미 잦아들어 생명을 잃은 것도 있지만 작은 나무들은 혹독한 시절을 견디고 있는 것이다. 한 편에 생명은 다했지만 층층이 씨방을 달고 갈색으로 퇴색한 익모초 대궁이 껑충 서 있다. 살살 흔들어 보니 사각거리는 씨앗소리가 난다. 아직 씨앗을 씨방 속에 넣고 겨울을 나고 있는 것이다. 층꽃나무의 꽃이나 열매 형태와 아주 비슷하다.

익모초(益母草)는 꿀풀과의 두해살이풀로 가을에 자연적으로 떨어진 씨앗이 싹을 내어 겨울을 나고 이듬해 꽃을 피워 결실을 맺는 풀이다. 줄기는 사각형으로 흰털이 있고 가지가 갈라진다. 뿌리에서 나오는 잎은 원형이고, 가장자리에 톱니가 있는데 꽃이 필 때는 길쭉하게 갈라진다. 꽃은 7~8월에 홍자색으로 피며 잎겨드랑이에 촘촘히 달려 핀다. 꽃받침은 바늘처럼 뾰족하게 갈라진다. 열매는 9월에 익으며 꽃받침 속에 까만 형태의 씨앗이 들어있다. 인가(人家) 주변의 밭둑이나 길가에서 흔하게 볼 수 있는 풀이다. 다르게는 암눈비앗이라 불리는 이름이 좀 독특한 풀이다.

익모초(益母草)는 그 이름에서 알 수 있듯이 '어머니에게 이로운 풀'이란 뜻을 가진 식물이다. 옛날부터 선조들은 이 풀을 부인병의 묘약(妙藥)으로 여성들에게 좋은 풀이라 하여 그렇게 이름을 붙여줬다고 한다.

한의 자료에 의하면 이 풀의 지상부를 여름철에 잎이 무성할 때 꽃이 피기 전에 채취하여 말린 것을 약재로 썼다. 자궁흥분억제, 혈압 강하, 이뇨 등의 약리 작용이 있다. 부인과 질환에 상용(常用)하는 약물로 생리가 없을 때, 생리통 완화와 생리 조절 작용이 뛰어나다. 산후에 출혈이 있거나 복통이 있을 때 효과가 있고 소변이 잘 나오지 않을 때도 사용한다. 특히 부인의 자궁(子宮) 염증으로 인한 냉증(冷症)에 요긴하게 쓰였다.

민간요법으로는 여름철 더위를 먹어 식욕부진으로 입맛이 없을 때 즙(汁)을 내어 먹으면 건위제로 식욕을 증진시키는 효과가 있었다.

한편 익모초의 대용품(代用品)으로 그 씨앗을 가을에 채취하여 약재로 사용한다. 익모초보다는 그 효력이 약하지만 일반적으로 부녀의 혈증(血症)에 응용된다.

어린 날 뒤곁 장독대 돌확에다 익모초를 찧어 삼베에 짜서 마시던 어머니 생각이 떠오른다. 짙푸른 녹색의 즙을 찡그리며 마시던 모습, 머리에 수건을 동여맨 어머님 모습이 가물가물하다.

아직도 도심 속에서 조금만 틈만 있어도 뿌리를 내려 흔하게 볼 수 있는 익모초는 우리의 주변에 억척같은 생명력으로 힘차게 살아간다. 도심의 익모초는 그냥 풀일 수도 있지만 어른들에겐 좋은 약초로써의 기억이 생생할 것이다. 지금은 누가 그런 전설 같은 이야기를 기억해 줄 것인가. 한겨울에 퇴색해 줄기만 앙상하게 남은 익모초에게 연민이 일어난다.

아직도 익모초는 가는 줄기의 층층마디 위에 씨앗을 담고 껑충하게 서 있다. 그 종자를 내려놔야 싹을 틔울 것인데 누군가 역할을 해 줘야 한다. 나를 기다린 것인가? 엄동(嚴冬)에 씨를 내놔도 땅속에서 씨앗을 뿌리 내릴 작업을 할 것이다. 그래야만 내년에 꽃을 피우고 결실을 맺을 수 있다.

마른 줄기를 꺾어 이리저리 흔들어 뿌려 주었다. 까만 씨앗이 눈 위에 흔적을 보인다. 그래도 익모초 종자는 제 갈 길을 가고 있는 중이다. 내년에는 제 영역을 더 넓게 펼쳐갈 것이다. 어린 날 고향 장독대에서 만났던 그 익모초와 다를 게 없는 풀, 지금은 어머니 대신 내가 익모초를 기억하고 있다.

엊저녁에 내린 눈이지만 많은 사람들이 지나고 다져져서 반들반들하다. 시골같이 눈가래라도 있어 밀어줄 이가 전혀 없다. 자동차 타이어 자국만 밟고 나만 지나가면 그만이다. 이게 도시의 인심이다. 길이 미끄러워서 깊은 모자를 쓰고 고개를 숙이며 지나는데, 집 옆의 공원울타리에 말라빠진 익모촛대가 마음속을 헤집는다.

금은화 인동덩굴

맹추위가 언제 있었냐는 듯 밤새 겨울비가 여름비 오듯 추적거린다. 덩달아 길바닥도 질퍽거린다. 그 비가 눈이었으면 아마 천재(天災)였을 것이다. 다행히 잔설(殘雪)과 얼음도 녹아 보행에 불편은 덜 하다. 그래도 얼음이 남아있는 곳은 반들반들하다. 날씨가 좀 풀렸으니 모처럼 친구와 등산을 하기로 했다.

냉온(冷溫)의 온도차가 큰 변덕스런 날씨 때문인지 반나절이 지났는데도 아직 짙은 안개로 산속은 어둑어둑하다. 산등성이의 경계선도 안 보일 정도다.

자느리고개는 범골과 돌다리로 연결되는 통로다. 길바닥에 누워있는 바위덩이는 풍화작용으로 모래같이 변해 버글버글하다. 예전에는 시내로 장을 보러 넘나들던 유일한 길이었다. 고갯길을 이용하는 사람이 없다보니 길의 흔적만 남아있다.

길옆에 인동초가 고갯마루 성황당의 돌무덤을 기고 있다. 촉촉이 젖은 인동덩굴이 파랗고 싱싱한 잎으로 까만 열매를 달고 걸쳐있다. 갈색의 불그스레한 줄기는 금세 인동초임을 확인시켜 준다. 정말 인동초는 인동초(忍冬草)다. 이 눈 속에도 그 초록이 살아있으니 말이다.

인동(忍冬)은 그 이름에서 특징을 알 수 있다. 한 겨울에도 말라죽지 않고 푸른 잎으로 겨울을 난다. 간혹 이파리가 낙엽색을 띠기도 하지만 살아있는 잎으로 월동(越冬)을 한다. 이렇게 추운 겨울에도 덩굴줄기와 잎이 마르지 않고 꿋꿋하게 살아가는 모습을 보고 '참을 인(忍), 겨울 동(冬)' 자를 써서 그렇게 이름 지었다. 그래서 겨우살이덩굴이라고도 부른다. 또한 김대중(金大中) 전(前) 대통령의 삶에 인동(忍冬)을 견주어 많이 알려진 식물이기도 하다. 혹독한 겨울을 가냘픈 줄기로 지탱하며 꿋꿋하게 사는 모습에서 비유된 것일 게다.

여름에 마디마다 흰 꽃이 피는데, 시간이 지나면서 점차 노란색으로 변한다. 갓 피어난 흰 꽃과 먼저 핀 노란색이 한 가지에 붙어 있어 금은화(金銀花)라고도 부른다. 또한 꽃의 수술이 길게 내민 할아버지의 수염 같아서 노옹수(老翁鬚)라고도 한다.

인동은 우리나라의 산과 들에서 흔히 자라는 덩굴나무이며, 인동과의 반상록(反常綠) 목본(木本)으로 가지가 많이 갈라져 무성하게 자란다. 잎은 마주나며 뒷면에는 털이 나 있다. 꽃은 5~6월에 가지 끝 겨드랑이에서 핀다. 꽃을 따서 빨면 달콤한 꿀이 나오는데 어렸을 적 즐겨 따먹던 꽃으로 향기도 많이 난다. 열매는 가을에 흑진주를 연상케 하는 동글동글한 모양으로 검게 익는다.

인동은 꽃과 줄기를 모두 약용한다. 꽃은 금은화라 하여 꽃봉오리를 여름철 꽃이 피기 전에 채취하여 말리면 약재가 된다. 각종 세균 억제 작용의 약리성이 있어 종기의 해독(解毒)에 효과가 있으며, 백혈구를 증가시키는 강한 소염력을 가진 약물로 한방에서 많이 사용한다. 또한 인동의 줄기를 인동등(忍冬藤)이란 생약명으로 약재로 쓴다. 줄기를 가을이나 겨울에 채취하여 사용하는데, 효능은 꽃과 비슷하여 해독 작용이 뛰어나 부스럼의 독기(毒氣) 제거에 사용한다. 민간요법으로는 줄기나 꽃을 달여 먹으면 몸을 따뜻하게 하는 효과가 있어 한열(寒熱)이나 감기에 이용하기도 했다.

옛날에는 만발하기 전에 꽃봉오리를 따서 차(茶)로도 만들어 마셨다고 한다. 꽃의 향기가 아주 그윽하다. 연한 잎도 함께 채취하여 꽃과 함께 차로 마시면 은은한 향(香)이 일품이다.

가을에는 잎이 시들어 떨어지기도 하고 늦게 난 잎은 줄기에 바싹 붙어서 겨울을 난다. 눈이나 찬 서리에 꽁꽁 얼어붙은 잎이나 줄기를 보면 애처롭기도 하다. 꽃말은 '헌신적인 사랑'이고, 인동덩굴은 '아버지의 사랑'이라고 한다. 추운 겨울을 견디며 전체를 유지하는 모습과 가정을 지키는 부성애(父性愛)를 견준 것 같다. 아니면 인동덩굴이 돌담이나 바위를 안고 있는 모습에서 추운 날에 아버지가 자식들을 부둥켜안고 있는 모습을 연상할 수도 있다.

인동을 보면 난 자느리고개를 연상한다. 아버지가 대전에 갔다

오실 때면 이 고개에서 인동 꽃을 따서 말렸다가 겨울이면 화롯불에 달여 잡수셨다는 어머님의 말씀이 각인된 것이다. 얼큰한 취기로 도포자락을 휘날리며 이 고개를 넘던 아버님은 성황당 터 바로 아래 영면(永眠)하고 계시다. 지금의 인동이 그때의 인동 덩굴이지 싶다.

스모그 같은 안개로 산이 종일토록 뿌연하다. 자욱한 산길을 도란도란 친구와 걸으니 발길은 가볍다. 어젯밤 가랑비로 길가의 마른 풀에 이슬이 맺혀 신발이 축축해진다. 잠깐 마주친 인동덩굴에 사진 속의 갓 쓴 아버님 얼굴이 겹쳐진다.

각시 족두리 족도리풀

한낮에 30도를 오르내리는 뜨거운 열기는 숨을 헐떡이게 할 정도다. 도심 사람들은 자연스럽게 숲의 그늘을 찾아 산이나 계곡으로 찾아든다. 야외현장수업도 가급적이면 그런 장소를 찾아 나간다.

오늘은 만인산 자연휴양림을 찾았다. 오전에는 그런대로 한가한 편이었는데, 정오를 넘어서며 주차장에 차량들이 줄을 잇는다. 만인산을 오르는 길은 경사가 심해 가파르지만 주변으로 나 있는 산책길은 평평한 숲길로 시민들의 호응이 좋아 많이 찾는 곳이다.

오전 오후 수업을 이곳에서 하니 오늘은 운이 좋은 날이다. 높은 나무가 양쪽으로 늘어서서 하늘을 덮고 그늘을 만들어주니 더할 나위가 없다. 길 중턱에 만들어진 쉼터는 나이가 지긋한 어르신들의 놀이터다. 마른 나무 부딪는 소리가 들리는 걸 보니 아마도 윷놀이를 하는 것 같다. 그늘 아래 삼삼오오 마주 앉아 망중한을 즐기고 있다. 여유 있는 말년도 보기 좋지만 그런 장소를 제공해 주는 이곳 자연이야말로 더없이 소중한 친구인 셈이다.

바깥세상은 무슨 이상한 호흡기증후군이 퍼져 감염자가 매일 늘어나고 있다고 언론마다 소란스럽다. 그냥 태연한 척 하려 하지만 내심은 좌불안석(坐不安席)이다. 이웃에서도 환자가 발생했다느니 소문이 나면 바깥을 나가기도 걱정스럽다고 수강생들이 중언부언(重言復言)이다. 그러면서 이곳까지 야외현장수업을 찾아오신 수강생들께서는 용감하신 거라고 넋두리를 한다.

숲길을 느긋하게 거닐며 시원한 공기를 깊게 들여 마신다. 나무가 빽빽하고 이파리가 무성하니 그늘의 연속이다. 고개를 들어 하늘을 보니 나뭇잎을 통과한 햇빛은 풀이 죽어 연한 녹색으로 다가온다. 향긋한 숲내음은 마음까지 맑게 해준다. 이제야 세상을 바로 보는 마음의 여유가 생겨 편안해진다. 길옆으로 늘어선 산사나무에 열매가 다글다글하다. 내심 반가워 올해는 산사(山楂) 열매를 좀 따겠구나 싶어 유념해 두기로 했다.

산사나무 아래 경사진 곳에 족도리풀이 보인다. 드문드문 떨어져 있고 이파리를 서로 맞댄 모습이 그 풀임을 금방 알 수 있다. 잎자루를 세워 마주 보는 모습이 마치 내게 인사를 하는 듯하다. 이 풀의 꽃모양이 옛날 전통 혼례 때 신부(新婦)가 머리에 쓰는 족두리를 닮았다 하여 족도리풀이라 부른다.

족도리풀은 쥐방울덩굴과의 여러해살이풀이다. 키는 10~20센티 정도로 숲 속에서 자란다. 뿌리줄기는 옆으로 비스듬히 뻗으며, 잎은 두 장씩 나와 마주나는 것처럼 보인다. 꽃은 4~5월에 잎 사이에서 나온 짧은 꽃줄기 끝에 흑자색으로 피며 꽃잎은 없다. 꽃이 낙엽 속에 묻히거나 잎 아래에 있어서 잘 보이지 않는다. 열매는 장과(漿果)로 씨가 20개 정도 들어 있다.

식물도감 자료에 의하면 '족도리풀'로 표기 되어 있다. '족두리풀'로 고쳐야 된다고 주장하는 이도 있다. 하지만 전통적으로 불려왔던 그대로 '족도리풀'이란 고유명사로 부르면 그만 아닐까라는 생각이 든다.

족도리풀 뿌리를 캐어 맛을 보게 하니 각자 표정들이 제 각각이다. 입안이 얼얼하여 마취주사를 맞은 것 같은 기분, 어떤 이는 구강이 화~하여 상쾌한 느낌을 준다고 하고, 또 다른 이는 놀라서 물로 입 안을 헹구는 사람도 있다. 독특한 맛이 있는 재미있는 풀이다.

한의 자료에 의하면 뿌리를 포함한 전초를 여름에 캐어 말려서 약재로 사용한다. 진통 · 진정(鎭靜) · 해열의 약리작용이 있어서 두통 · 복통 등에 효과가 있다. 또 오한 · 발열 · 해수 · 천식 · 가래가 많은 증상에 잘 듣는다. 만성기관지염과 국부(局部) 마취에도 효능이 있다. 뿌리가 가늘게 갈라지고 약성이 매워서 한자 이름을 세신(細辛)이라고 한다.

민간에서는 족도리풀 뿌리 한 줌과 구릿대 뿌리 한 줌을 물에 넣고 달여 먹으면 치통(齒痛)이 잘 낫는다고 한다. 또한 두드러기에 족도리풀을 가루 내어 헝겊주머니에 넣고 가려운 곳을 고루 비비거나, 피부에 가루를 바르고 손바닥으로 비벼 환부가 화끈거리게 하면 효과가 있다. 그리고 입안에 구취(口臭)가 심할 때 뿌리를 씹어 해결했고, 현대인이 즐기는 은단(銀丹)의 원료로도 활용한다고 한다.

일반적으로 꽃의 수분(受粉)은 벌과 나비에 의해 이뤄진다. 족도리풀은 독특하게도 이파리 아래쪽으로 땅 표면에 닿게 꽃을 피운다. 그래서 땅을 기어 다니는 개미나 벌레 등에 의해 수분을 하는 특성이 있다. 식물 세계의 보편적인 종족 보존의 형태를 벗어난 꽃인 셈이다.

사진이라도 찍을라치면 납작 엎드려야 한다. 잎자루 아래 옹기종기 모여 꽃을 피운 모습이 촌스럽다는 느낌도 준다. 그래서 어떤 이는 족도리풀 꽃을 태양과 벗하며 살아가느라 새카맣게 그을린 시골의 어린애를 닮았다고 했고, 세상을 전혀 모르는 깊은 산골의 수줍은 소녀 같다고도 했다.

이미 꽃은 수정이 되어 씨방이 닫혀 있다. 끝부분을 오므린 채 꾹 다문 입 모양을 하고 씨앗을 키우고 있는 것이다. 바로 이 꽃이 족두리를 닮아 족도리풀이 된 것이다. 족두리는 신부가 전통 예복을 입고 머리에 쓰는 관(冠)으로 위는 모가 지고 아래는 둥근데 비녀를 찔러 고정시킨다. 대개 검은 비단으로 만들고 구슬로 꾸민다. 우리의 전통 혼례문화인데, 오늘날의 현대식 혼례에서도 폐백(幣帛)을 드릴 경우 신부는 원삼(圓衫)을 입고 족두리를 쓴다.

콘크리트 투성이인 시내는 시간이 한낮으로 갈수록 점점 뜨거워질 것이다. 이곳은 잔잔한 바람과 시원한 그늘로 세상일과는 전혀 무관한 세상이다. 숲에 앉아 수강생들과 한담(閑談)을 하며 시간 가는 줄 모른다. 나뭇잎 사이로 들어오는 빛줄기는 천상의 빛이다. 산사나무 사이로 우연히 본 족도리풀이 생각에 생각을 잇게 한다.

영락없는 쥐똥 모양, 쥐똥나무

근래 내린 눈 치고는 아주 많이 내렸다. 설레는 마음으로 내친 김에 눈 속을 걷고 싶어 부랴부랴 서둘러 눈 산행을 나섰다. 도솔산에도 등산화가 덮일 정도로 눈이 쌓였다. 하얗게 덮인 나무와 들판 모습이 마음을 가라앉힌다. 이렇게 순수하고 마음 편한 세상에서 살아봤으면 싶다. 아직도 펑펑 내리는 눈은 그칠 기미가 없다. 나이를 먹어도 눈을 맞는 마음은 동심(童心)이다. 어렸을 적 집 앞에 있는 밭에서 장화를 신고 뛰어다니던 형의 모습이 불현듯 떠오른다. 눈 내린 밭고랑을 점박이 강아지와 뛰노는 형의 사진은 고향의 어린 시절로 나를 데려가곤 했다. 자연의 변화는 사람의 마음을 순하게 하는 무엇인가 있는 것 같다. 삼삼오오 지나치는 아줌마와 어른들의 깔깔거림 속에서 눈길의 즐거움을 공감한다.

내원사로 향하는 길목은 눈 속 산행을 하는 사람들의 뽀드득거리는 발자국 소리로 분주하다. 눈은 계속 내릴 추세다.

바람에 흔들리는 풍경(風磬)의 맑은 소리가 고요한 산 속으로 퍼진다. 그 은은한 소리는 피안(彼岸)을 안내하는 부처님의 이심전심(以心傳心)인 듯하다. 어른 몇 분이 가만히 서서 눈 오는 풍경을 감상한다. 제각각 사색의 나래를 펼치며 삼라만상의 본래 모습을 찾고 있으리라. 자연의 이런 모습은 원래의 어머니 품이 아닐까 싶다. 하산 길을 재촉하지 않고 팔자걸음을 하며 주변을 돌아보니 가는 가지에 눈꽃을 피우며 까만 열매를 매단 쥐똥나무가 눈에 띈다. 추위에 시달려 쪼글쪼글한 열매가 가지 끝에 매달려 대롱거리고 있다.

이 나무는 열매가 마치 쥐똥처럼 생겨 쥐똥나무라 부른 듯하다. 살펴보니 영락없는 쥐똥 모양이다. 그 이름이 해학적이기도 하고 익살스럽다. 하기야 나무의 고유명사가 대부분 이런 식으로 특징을 따서 붙여진 것이 많다. 열매 하나를 따서 입에 넣어보니 별 맛도 없다. 맛이 있으면 일찍이 새의 먹이가 되었을 것이다. 연록색의 속살이 드러나는 것을 보니 살아있는 형태다. 종자(種子)의 임무를 다하려 이 엄동에 매달려 몸부림치는 모습은 장엄하기도 하다.

쥐똥나무는 물푸레나무과에 속하는 낙엽관목으로 키가 2~4미터는 자란다. 꽃은 암수나무 한 그루로 5~6월경 가지 끝에서 흰색으로 무리 지어 피며, 우리 주변 가까이서 쉽게 볼 수 있는 나무다. 꽃이 아주 작고 오밀조밀 모여 피어 볼품은 없지만 향기가 강렬하고 매혹적이다. 그래서 공원이나 학교 등의 조경수로 많이 심는다. 가뭄이 심한 한여름에 바짝 말라 시들었다가도 비가 살짝 내리면 생생하게 되살아나는 강한 생명력을 보여주는 식물이기도 하다. 양지나 반 그늘진 곳에서도 잘 자라며 공해와 추위에도 잘 견뎌 최근에는 가로수로도 많이 이용한다. 그래서 봄이면 시내 한복판의 시내버스 정류장 옆에서 쥐똥나무의 그윽한 꽃향기를 만날 수 있다.

우리의 선조들은 이 나무의 목재가 단단하고 치밀하여 도장 재료나 지팡이를 만드는데 이용하기도 했다. 또한 약용식물로도 활용되는 식물이다. 한방에서는 열매를 수랍과(水蠟果)라는 생약명으로 약용한다. 강장(强壯)·지한(止汗)·지혈(止血)의 약리 작용이 있어, 신체허약으로 식은땀을 흘리고, 신(腎)기능 허약으로 유정(遺精)이 있는 것을 치료하며, 토혈(吐血)·코피 등의 지혈 작용에 이용되고 있다. 또한 쥐똥나무에는 깍지진딧과의 곤충이 기생한다. 이 곤충의 애벌레가 나무의 겉을 하얗게 뒤덮는 데, 이 하얀 분비물을 백랍(白蠟)이라 한다. 선조들은 민간요법으로 이 백랍을 지혈제(止血劑)로도 이용하였다. 그래서 쥐똥나무를 백랍나무라고도 불렀던 것이다.

펑펑 오던 눈도 싸래기눈으로 바뀌었다. 우산에 눈 떨어지는 소리가 재잘재잘거린다. 하늘을 가린 내게 말을 붙여보기라도 하는 듯싶다. 참나무의 중간에 눈높이로 누군가 팻말을 끈으로 묶어 걸어놓았다. '가진 자가 인색하면 외롭다'라는 문구다. 마음을 헤아리는 사람이 던지는 호소 같다. 사람과 사람의 이해관계가 참으로 힘든 세상이라는 생각이 든다. 다시 인간세상으로 들어간다. 그곳도 하얀 눈 천지다. 이렇게 깨끗하고 소박한 세상에서 살았으면…… 또 되뇌어 본다.

두견화 진달래

차창 밖으로 보이는 산 모습이 장관이다. 앙상한 가지에 내민 이파리가 산 능선을 연한 녹색으로 물들이고 있다. 다시 한 해의 일을 시작하는 나무의 신호다. 아름답기보다는 숭고한 자연의 섭리에 숙연해진다. 그 연녹색 바탕 위에 산벚꽃과 진달래가 만발하여 밑그림을 더한다. 양지바른 곳에는 이미 철쭉꽃도 녹색 잎을 달고 피어나고 있다. 이맘때면 우리의 봄은 어김없이 한 폭의 수채화를 남긴다. 외국에 있는 동생이 눈물겹도록 보고싶다는 우리 땅의 모습이다.

마을 고샅고샅에도 벚꽃이 환하다. 봄비가 적당히 내리니 들판의 봄나물도 우후죽순이다. 사람이 모이는 길목엔 시골 할머니들의 나물시장이 갖가지 풀들로 풍성하다. 아마도 도시 아낙들은 몰라서 못 먹지 싶다. 봄은 이렇게 우리에게 생명을 불어넣는 계절이다. 살아있는 모든 것에게 때에 맞는 삶의 조건을 맞춰주니 말이다.

학교에서 공부가 끝나고 집으로 가려면 십리 길을 족히 걸었다. 친구도 없이 산길을 혼자 걸으면 심심하고 따분했다. 상여집 옆의 찔레나무 순은 궁한 입을 즐겁게 해주던 친구였고, 소나무 밑의 진달래꽃은 놀이상대였다. 누구를 기다리듯 길다란 가지 위에 꽃송이를 달고 흔들거리는 모습은 나를 부르는 손짓이었다. 가지 끝의 망울에서 터진 진달래꽃을 한 움큼 입에 넣고 우물거리면 은근한 향이 났다. 꽃을 따서 꽃술로 장난을 치고 가지째 꺾어 꽃다발을 들고 다니던 유년의 기억들이 주마등같다.

'진달래가 많은 산에는 가지 말거라. 문둥이가 잡아간다.'고 당부하시던 어머니의 말씀이 귓전에 맴돈다. 위험한 산에 가지 못하게 하려는 어머니의 마음이었을 게다. 진달래를 보면 정말 문둥이가 있을까? 막연한 두려움과 함께 궁금했던 기억들이 아련하게 떠오른다.

진달래는 진달래과에 속하는 낙엽관목(灌木)으로 키는 2~3미터 정도 자란다. 타원형 또는 피침형의 잎은 어긋나는데, 가장자리는 밋밋하고 뒷면에는 조그만 비늘조각들이 많이 있다. 분홍색의 꽃은 잎이 나오기 전인 4월부터 가지 끝에 2~5송이씩 모여 피는데, 통꽃으로 꽃부리 끝은 5갈래로 조금 갈라져 있다. 수술은 10개, 암술은 1개이다. 열매는 삭과(蒴果)로 익는다. 진달래는 한국에서 아주 오래 전부터 개나리와 함께 봄을 알리는 대표적인 나무의 하나로 사랑받아 왔는데, 봄에 한국의 산 어디에서

나 꽃을 볼 수 있을 만큼 널리 퍼져 있다. 개나리가 주로 양지바른 곳에서 잘 자라는 반면에 진달래는 약간 그늘지며 습기가 약간 있는 곳에서 잘 자란다.

진달래는 다른 이름으로 참꽃 또는 두견화라고도 부른다. 꽃을 먹을 수 있고 약(藥)에도 쓸 수 있어서 참꽃이라 부른다. 또 꽃 색깔이 붉은 것은 두견새가 밤새 울어대며 피를 토해서 꽃 색깔이 붉다는 전설 때문으로 두견화(杜鵑花)라고도 한다. 이는 고대 중국의 촉(蜀)나라 임금이 나라를 잃고 돌아가지 못하자 한탄하며 울부짖다가 피를 토하고 죽은 후 꽃으로 다시 부활했다는 전설에서 유래되었다고 한다.

진달래는 꽃잎을 따서 날 것으로 먹기도 했는데, 삼월삼짇날(음력 3월 3일)에는 꽃으로 화전(花煎) · 화채 · 술 등 각종 음식을 만들어 먹기도 했다. 진달래꽃과 뿌리를 섞어 빚은 진달래술인 두견주(杜鵑酒)는 약주로 취급되어 인기가 매우 높았다. 특히 당진 면천(沔川)의 두견주는 중요 무형문화재로 국가에서 지정해준 전통 민속주다. 찹쌀과 진달래 꽃잎으로 빚은 두견주는 고려의 개국공신 복지겸(卜智謙) 장군이 마시고 병을 고쳤다는 전설과 함께 오래 전부터 면천에서 가양주(家釀酒)로 빚어 왔던 것으로 전해 온다.

한방(韓方)에서는 생약명을 영산홍(迎山紅) 또는 산척촉(山躑躅)이라 하여 꽃을 약재로 사용한다. 꽃잎이 조경(調經) · 활혈(活血) · 진해(鎭咳)의 효능이 있다하여 혈압강하제, 토혈 등에 쓰며, 월경불순 · 폐경 · 해소 · 고혈압 등의 증상에 유효하다고 한다. 최근에는 진달래의 뿌리를 이용하여 감기약으로도 쓴다. 민간요법으로는 꽃·잎·잔가지·실뿌리 등을 채취하여 달여 먹으면, 가래를 삭이고 기침을 멎게 하는 효능이 있어 이용하였다. 특히 봄에 꽃잎을 꿀에 재어 먹으면 천식(喘息)에 효과적이라 했다.

지난겨울은 유난히 길고도 추웠다. 그래선지 꽃이 피는 시기도 다른 해에 비해 좀 늦었다. 그 긴 겨울도 풀려 대지는 축축한 물기와 따스한 온기가 감돌고, 화려한 봄 색깔은 산과 들을 물들이고 있다. 진달래는 붉지만 화려하지도 않고 은은한 연분홍 꽃 색깔이 더 없이 친근함을 주는 나무다. 엄동(嚴冬)을 힘겹게 이어온 주변의 생명들에게 부드러운 색깔과 따스한 미소로 감싸주는 꽃, 바로 우리 민족의 넋이 아닐까. 바쁜 일상을 벗어나 산을 접하니 문득 따뜻한 빛깔로 조용하게 다가온 진달래가 닫혔던 마음을 훈훈하게 녹여준다.

맛있는 찔레 순, 찔레나무

약용식물 강의를 하며 야외현장수업을 많이 하다 보니 시내 주변 고샅고샅을 다닐 기회가 많다. 계절마다 바뀌는 환경에 따라 풀과 나무들이 자연의 변화에 어떻게 적응하는 지를 직접 보고 느낀다. 우리들이 미처 몰랐던 그 적응력을 보면 감탄하지 않을 수 없다.

문명이 발달하며 합리적이고 유용한 결과를 창출해내는 과학(科學)이란 것을 발전시켜 왔지만, 풀과 나무들이 자연의 법칙에 적응하며 살아가는 방법은 우리 인간이 생각하는 과학을 능가한다는 생각이 든다. 그 식물들의 생존 및 적응 방법이 실로 과학적이고 절묘함을 알 수 있다.

지난번에는 중구(中區)에 있는 금동(錦洞)을 다녀왔다. 맑은 물이 흐르는 시내가 있고 산세(山勢)가 비단결같이 아름다운 곳이라 하여 금동이란 지명이 붙었다고 한다. 모랭이마을은 계곡이 꽤나 깊은 곳이다. 6·25 전쟁 때에도 피해가 없었던 곳이라고 하니 딴 세상 같은 곳이다. 실개천과 평행선을 그리며 이어진 길을 따라 죽 올라가니 논두렁·밭두렁·냇둑길에서 갖가지 풀들이 모양을 내고 마중을 한다.

여기도 대전시(大田市)다. 농사를 짓는 땅이 많지만 오가는 사람은 드물다. 맑은 물이 흐르는 조그만 도랑에 고마리, 여뀌가 빽빽하다. 어린 시절 냇가에서 물고기 잡을 때 꽤나 시달렸던 여뀌가 이곳에도 많았다. 아직 외래종의 침입이 적고 순수함이 잘 보존된 곳이다. 도랑 경사면에 하얀 찔레꽃이 흐드러지게 피어 있다. 어디고 흔하게 잘 자라서 별 관심을 못 받지만 백색(白色)의 꽃이 군락을 이루며 향긋한 꽃내음이 싱그러운 나무다.

찔레나무는 시골생활을 한 사람은 누구든 한번쯤 옛 추억에 잠기게 한다. 억센 가시에 찔려 괴로웠던 일, 배고픈 시절 이른 봄에 나온 찔레순은 배고픔을 잠시 잊게 해주던 나무였다. 길가나 산자락, 어디고 흔하게 자라는 나무다. 냇가를 따라 만발한 찔레꽃이 흰 천을 두른 듯하다. 가까이 보니 진딧물이 극성이다. 날씨가 더워지니 각종 벌레들이 창궐(猖獗)을 하여 풀숲에 들기가 겁이 날 정도다.

찔레나무는 장미과의 낙엽관목으로 2~4미터 정도 자란다. 줄기와 어린 가지에 잔털이 많고 갈고리 같은 가시가 있다. 나무껍질은 회색으로 불규칙하게 갈라져 조각나며 떨어진다. 잎은 어긋나며 대여섯 개로 이루어진 복엽형태다. 잎 가장자리에는 톱니가 있고 끝은 뾰족하다. 꽃은 5~6월에 흰색 또는 연분홍으로 가지 끝에 달려 핀다. 열매는 가을에 둥글고 붉게 익는다.

찔레나무는 원예 품종인 장미류의 대목(臺木)으로 이용되며, 꽃은 향수(香水)의 원료로 사용한다. 흔히 들장미 또는 야장미라고도 불린다. 찔레란 이름은 '가시가 찌른다'라는 뜻에서 온 것이라 하는데 어감이 맞아떨어지는 것 같다.

산수(傘壽)를 넘긴 큰 누님이 열아홉 시절 시집가던 즈음에 찔레 순을 그렇게 많이 먹었다고 한다. 화장품도 맛사지도 없던 그때 찔레 순을 먹으면 얼굴이 고와진다 해서 그랬다며 빙그레 웃으신다. 그래서인지 아직도 누님은 참 곱다. 먹을 것이 흔치 않던 그 시절에 영양가가 풍부했던 찔레순은 그런 효과가 있었을 법 하다.

한의 자료에 의하면 이 찔레나무의 열매는 가을에 붉게 익었을 때 채취하여 약재로 썼다. 관상동맥(冠狀動脈)을 확장시키고, 체내의 지방과 단백질 대사를 개선시키며, 동맥경화(動脈硬化)의 형성을 억제시키는 약리 작용이 있다고 한다. 그 효능으로는 노인(老人)이 소변을 잘 보지 못하고 전신이 부었을 때 효과가 있고, 불면증 · 건망증 및 꿈이 많고 쉬 피로하며 성기능이 감퇴 되었을 때 응용한다. 그리고 뿌리도 폐결핵 및 당뇨병에 효력이 있으며, 타박상 · 관절염에도 쓰인다.

민간요법으로는 뿌리를 캐서 달인 물을 마시면 신경통이나 관절염에 효험이 있다고 했다. 최근에는 이 찔레나무 버섯이 위암이나 대장암 등에 항암(抗癌) 효능이 있다하여 주목을 끌기도 했다. 우리 주변에 흔하게 있는 찔레나무가 사람에게는 아주 유용한 약용식물인 셈이다.

가수(歌手)들이 부른 찔레꽃 노래는 대개 가사(歌辭)의 내용과 곡조(曲調)가 애절하다. 엄마, 그리움, 고향 등 일제(日帝) 강점기에 방황하던 우리 민족의 정서를 찔레꽃에 비유해서 표출했던 것이다. 찔레꽃의 색깔이나 향기를 슬프고 서럽게 노래하고 있다. 하지만 대목(臺木)으로 다시 태어난 장미는 꽃말이 행복한 사랑, 애정이다. 어쩌면 고단함과 역경을 이겨내고 오늘 안정된 삶을 이어가는 우리의 민족성과도 닮은 꼴 같다.

가뭄이 심한 편이다. 도랑물도 아주 낮게 흐른다. 도랑 옆 풀들도 힘이 없이 축 쳐진 모습이다. 냇둑 위쪽으로는 아예 시들시들 말라간다. 농사일도, 사람이 먹을 물도 걱정이다. 물을 아끼자는 말이 방송을 타고 흐른다. 그래도 찔레나무는 아직 싱싱해 보인다. 자갈 더미 속에서도 뿌리를 내리는 생명력이 강한 나무이기 때문이다.

옛 선인들은 이맘때쯤이면 가뭄을 '찔레꽃가뭄'이라 했다고 한다. 찔레꽃 필 때 비가 오면 쌀밥 먹는다는 말이 같은 말이 아닌가 싶다. 모내기 시절에 하늘만 바라보며 비가 오길 고대했던 조상들의 염원이 깃든 말이다. 금동 모랭이마을의 밭작물이 시들시들 타들어간다. 그래도 지천에 널린 찔레꽃은 그저 소박하고 아름답다.

보석 같은 빨간 열매, 청미래덩굴

금년 겨울은 눈도 유난히 잦고 추위도 만만찮았다. 대문 앞 골목길에 쌓인 눈도 귀찮을 정도였다. 잠시 게으름을 피우면 다져진 눈이 쇠눈이 되어 빙판이 된다. 그러면 음지(陰地)인 골목길은 겨우내 녹지 않아 종종걸음을 쳐야한다. 별 수 없어 염화칼슘을 구입해 뿌리기도 했다.

이렇게 성가신 눈이기도 하지만 하얀 세상이 되면 산으로 가고 싶다. 깨끗한 산속 눈에 묻히면 그저 평안해진다. 하얀색은 은폐력이 좋아서일까. 그냥 잡념을 잊게 되고 마음이 정갈해지는 게 마냥 좋다.

내원사 숲길은 적막강산이다. 소복하게 쌓인 눈길에 발자국은 전혀 없고 나뭇가지에서 떨어진 눈의 흔적이 전부다. 간혹 바람만이 윙윙 소리를 내며 머리를 스친다. 풍경(風磬) 소리도 은은하다. 이런 모습은 그저 보이는 대로 느낄 뿐이다. 어림짐작으로 지워진 길을 따라 산등성이를 올라서니 천지가 눈 속이다. 뾰족하게 서 있는 아파트만이 형체를 알 수 있다. 뿌연 운무 속의 사람 사는 마을은 별유천지다. 전혀 다른 환경이라 방향감각도 떨어지고 혼란해진다. 그래도 이렇게 푸근한 세상이었으면 싶다.

능선의 길옆에 빨간 열매를 달고 휘어진 청미래덩굴 줄기가 눈에 띈다. 앵두처럼 생긴 열매를 한겨울에 만나니 이채롭다. 얽히고설킨 줄기에 대여섯 개씩 옹기종기 매달려 눈을 맞고 있다. 눈 속에 묻힌 빨간색 열매는 하얀색과 대조되어 금세 눈에 들어온다.

잎이 말라버린 후에도 열매는 이렇게 빨간색을 띄고 한겨울에도 그 색을 유지한 채 계절을 넘긴다. 열매 속은 하얀 살이 있는데 달짝지근한 맛을 낸다. 그래서 배고픈 겨울의 새들에게 먹이 찾는 수고를 덜해주며 좋은 양식을 제공하고 있다.

청미래덩굴은 백합과 식물로 산에서 흔히 자라는 덩굴성 관목(灌木)이다. 줄기는 가시 같은 갈고리가 있다. 잎은 넓은 타원형의 심장형이다. 두께가 도톰하며 가장자리는 밋밋하고 윤채를 내는데, 부패를 막는 살균 성분이 있고 특유의 향이 있어 유용하게 쓰이기도 한다. 황록색의 꽃은 5월경 암꽃과 수꽃이 각각 다른 그루에서 핀다. 열매는 가을에 붉은색으로 익는다. 뿌리는 굵고 옆으로 뻗어가며 딱딱하고 마디가 구부러진다. 지방에 따라서 명감나무, 맹감나무, 종가시덩굴 등으로도 불린다.

한의 자료에 의하면 청미래덩굴의 뿌리를 봄이나 가을에 캐어 말린 후 약재로 쓴다. 발계(菝葜)라 하여 각종 세균 억제 작용의 약리 작용이 있어서 근골(筋骨)의 통증과 피부질환, 이질 등의 치료에 응용된다.

잎도 그 효능이 뿌리와 비슷한데 옴(癬) 같은 피부 염증에 잎을 짓찧어 붙이면 치료가 된다. 또한 해독(解毒) 작용도 있어서 수은독(水銀毒) 같은 중금속 중독에 응용되기도 한다. 나아가 최근에는 위암(胃癌)·식도암(食道癌)·직장암(直腸癌)·후두암(喉頭癌) 등에도 응용되어진다니 정말 우리에겐 쓸모 있는 나무다.

민간에서 봄에 나는 어린 순은 나물로 무쳐 먹었고, 잎은 차(茶)로도 이용했다. 뿌리는 얇게 썰어두었다가 감기나 신경통에 달여 마셨으며, 열매는 태워서 참기름에 개어 종기나 태독(胎毒)에 바르면 효과가 있었다고 한다. 뿌리는 녹말이 들어있어서 구황식물로도 활용했다고 전한다.

경상도에는 향토음식인 망개떡이라는 음식이 있다. 망개나무 잎사귀에 싸서 쪄 먹는 음식인데, 망개나무는 바로 청미래덩굴을 이르는 말이다. 망개나무 이파리의 향이 음식에 스며들어 상큼한 맛이 나고 여름에도 상하지 않는 특성을 이용한 것이다. 옛 가야(伽倻)의 신부들이 시집갈 때 가져갔던 이바지 음식이라 하니 아주 오래된 전통이기도 하다. 먼 옛적부터 우리 곁에서 이용되었던 것임을 알 수 있다.

청미래덩굴은 덩굴로 무리 지어 자란다. 줄기의 가시는 접근을 쉽게 허용하지 않는다. 자기들끼리 얽힌 가지는 상대에게 위협하는 자세 같기도 하다. 그래서 뿌리라도 캐려면 사전(事前) 작업이 많이 필요하다. 갓 캐어낸 뿌리는 딱딱하여 여간 강한 게 아니다. 억센 나뭇가지는 쉽게 부러지지도 않는다. 예전에는 소풍 길에 그 줄기를 나무젓가락으로도 많이 이용했다. 생육 환경이 음지이건 양지이건 척박해도 잘 자라는 생명력이 강한 나무다. 줄기와 빨간 열매는 꽃꽂이 재료로도 많이 활용된다. 주변에 흔하면서도 쓰임새나 효능이 간과되는 식물이다.

도솔산에서 내려다보는 산과 들은 눈 천지다. 소나무 가지에 걸린 눈이 시리도록 희다. 간간히 내리는 눈발이 분위기를 더 스산하게 한다. 차라리 펑펑 더 내려서 모든 걸 덮었으면 싶기도 하다. 시간이 지나며 사람들도 하나둘 늘어간다. 눈길에 산행을 나선 마음은 모두 같을 것이다. 궂은 날씨지만 도심 속의 작은 산에 올라 나름대로의 호연지기(浩然之氣)를 느낀다. 불과 한 달 전 입춘(立春)때 풍경이었다.

엊그제가 경칩(驚蟄)이다. 한 달 전의 풍경과는 전혀 다르다. 추운 겨울이 지나야만 봄이 오고, 그 추위가 없다면 봄도 느끼지 못할 것이다. 도로변에 늘어진 버들가지도 물색이 돌고, 사람들의 옷 색깔도 이미 봄이다.

단무지 노랑 물감, 치자나무

올해도 저물었다. 달랑 한 장 남은 12월 달력이 헛헛해 보인다. 예전에 나이가 들수록 시간이 빠르게 지나간다고 하신 어르신 말씀이 떠오른다. 어영부영 지낸 세월 같아 마음만 부산하고 뚜렷하게 일군 실체가 없으니 금년도 공친 셈인가 싶고, 인생 후반부에 무엇을 어떻게 하며 지내야 할지, 마음은 앞서고 갈피를 잡기 힘들다. 바람은 이리저리 후다닥 불어대고 스산한 날씨마저 속을 뒤집어 놓는다.

갑자기 어둑해지면서 비도 눈도 아닌 중간 것이 내리더니 이내 싸락눈으로 바뀐다. 멍하니 밖을 보다 문득 계단에 놓인 화분들이 눈에 들어온다. 벌써 축축한 눈이 쌓이기 시작한다. '화분 이대로 둘 거냐'는 아내의 잔소리에 정신이 퍼뜩 들며 행동을 개

시한다. 차일피일 미루던 화분의 겨울나기를 이 지경이 되고서야 준비하는 것이다.

거실을 대강 치우고 신문을 두둑하게 깔아 화분받침을 놓으면 그만이다. 화분의 키순으로 배치를 하고 밖을 보니 함박눈 천지다. 속내는 등산화라도 신고 나서고 싶다. 그러나 골목길 눈 치울 생각을 하니 짜증이 난다. 그만 좀 내렸으면 하는 마음이 굴뚝같다. 내 마음이 늙은 건지 고운 눈도 귀찮다.

현관 계단의 눈을 쓸며 남은 화분을 정리하는데 치자나무가 눈을 뒤집어쓰고 '나는 어쩔거냐'고 되묻는 모습이다. 상록식물이니 별 피해는 없는 줄 알지만 눈을 털어 거실로 옮기기로 했다. 흰 꽃을 피울 때면 강한 향(香)이 자극적일 정도다. 실제 이 나무는 꽃치자나무다. 꽃은 피우나 열매가 열리지 않는다. 열매가 열리는 치자나무라고 해서 시장에서 사다가 키우는 놈인데 아니올시다 였다. 대개 열매치자는 열매를 약용(藥用)하고, 꽃치자는 관상용으로 이용된다.

치자나무는 꼭두서니과에 속하는 상록관목(常綠灌木)으로 주로 남부지방에서 자란다. 키는 2미터 정도 자란다. 잎은 마주 나며 광택이 나고 가장자리가 밋밋하다. 꽃은 6~7월에 가지 끝에서 흰색으로 1송이씩 핀다. 치자 꽃이 술잔처럼 보여서 '술잔달린 나무'라고도 부른다고 한다. 열매는 9월경 위쪽에 6개의 꽃받침 조각이 붙은 채 황적색으로 익는다. 이 나무는 심은 지 2~3년이 지나면 열매가 맺히며, 늦서리가 내린 후 열매가 붉게 익을 때 채취한다. 그 열매는 식용(食用) 색소 또는 약재로 이용된다.

한방(韓方) 자료에 의하면 열매가 성숙하여 홍색(紅色)을 띨 때 채취하여 건조한 것을 약용한다. 이담(利膽) · 강압(降壓) · 진정(鎭靜) · 해열(解熱) · 지혈(止血) 등의 약리 작용이 있어서 우울증을 풀어 주고, 황달과 급성전염성 간염에 효능이 있다. 또 열을 내려서 소변 출혈이나 코피에 지혈 효능이 있고, 삐었을 때나 외상(外傷)으로 붓고 아픈 증상에도 효과가 있다고 한다.

민간요법으로는 사지관절에 손상을 입었을 때 치자와 밀가루를 개어서 환부에 붙이면 나았다. 즉 치자와 밀가루 · 달걀흰자 · 식초 등을 배합하여 타박상이나 관절염에 의한 통증 치료에 응용되었으며, 삔 데에도 사용하면 효과가 있었다. 또한 치자 열매의 속 씨를 이용하면 가슴 속의 열(熱)을 없애고, 열매의 껍질을 쓰면 피부의 열을 없애준다.

치자는 식품으로서도 많이 이용되었다. 예전에 어머니는 제삿날이면 치자를 우려낸 노란 물로 반죽하여 전(煎)을 부치셨다. 몸에도 좋고 천연물감을 활용한 고운 음식을 조상님께 올리기 위한 마음이 아니었을까 생각된다. 우리가 흔히 먹는 단무지를 노랗게 물들이는 데도 이용된다. 그리고 치자와 녹두의 궁합이 잘 맞는다하여 녹두전을 부칠 때 치자를 우려낸 물로 녹두전을 부쳐 먹기도 했다. 이 녹두전은 녹두와 치자의 성질이 차서 열을 잘 내리기 때문에 술안주로도 애용했다고 한다. 또한 노란 염료로 전통염색에 이용되었다.

집에서 치자(梔子) 열매를 보기 위해 몇 해 전부터 키웠지만 아직도 못 보고 있다. 지난 해 지인(知人)으로부터 열매를 맺는 치자나무를 구해 심었다. 아직은 어린 나무라 애지중지 보살피고 있다. 그래서 이제는 꽃치자와 일반 열매치자를 구분할 줄 안다.

아직도 열매가 열리는 일반 치자나무는 도무지 꽃을 보여주지 않는다. 아직은 어려서일까. 분갈이를 하여 밑거름을 주고 거실에서 올 겨울도 동거할 작정이다.

몇 해 전 전남 진도(珍島)로 가족여행을 한 적이 있다. 동네의 어느 집 울타리에 흰 눈을 쓰고 빨간 열매를 단 채 서있던 치자나무가 생각난다. 흰 눈, 녹색의 이파리, 빨갛고 노란 열매가 조화를 이뤄 지나는 이의 눈길을 잡던 기억이 있다. 한겨울에 그런 풍경을 어디서 볼 수 있을까. 남도의 멋이 이런 곳에도 있구나 하며 나무 앞에서 한참을 머뭇거렸었다. 제철에 팔랑개비 같은 꽃이 피기 시작하면 꽃향기가 진동을 하고, 한겨울에도 잎이 지지 않고 늘 푸르름을 유지해 즐거움을 주는 나무다.

해야지 하던 화분갈이가 눈이 내리고서야 막을 내렸다. 게으름 덕분에 마누라 핀잔까지 보너스로 받았다. 모든 화분의 풀과 나무들이 금년 첫 눈을 온몸으로 맞았다. 이것도 하늘의 조화 속에 이루어진 자연의 섭리일 게다. 이파리가 가늘고 길게 뻗은 열매치자를 거실의 앞 중앙에 가지런히 놓아주었다. 명년(明年)에는 꽃을 피워 열매를 보여 줄 것이다. 그런 기대를 하며 화분 한 가운데로 부엽토를 밀어 넣는다.

보랏빛 팥 색깔, 팥꽃나무

넓은 도로 위로 악을 쓰며 달리는 차량들이 무슨 괴물 같다. 무엇에 쫓기듯 줄행랑을 치는 모습이 오늘을 사는 우리 모습과 영락없이 닮았다. 비룡동 버스종점에서 건널목을 가로질러 부지런히 건너면 바로 식장산으로 이어진다. 고개를 들면 빽빽하게 들어찬 나무들이 청량감을 더해 준다. 여유 있게 불과 몇 분만 걷다보면 완연한 시골 모습이 눈앞에 펼쳐진다. 낡은 슬레이트지붕의 농가 텃밭에 각종 남새들이 즐비하다. 담장을 기는 노박덩굴에 돌담으로 연결된 울타리가 옛 시골집 분위기다.

옥천(沃川)으로 가던 옛길은 풀로 뒤덮여 길인지 분간이 안 된다. 그 도로 끝에 세곡동(細谷洞)이란 글이 한자로 돌에 투박하게 새겨져 있다. 은진 송씨(恩津 宋氏) 처사공파 본향(本鄕)이란 글도 커다란 돌 위에 새겨져 나란히 길목을 지키며 오가는 이를 반긴다. 이곳이 가는골[細谷]이란 마을이다. 여남은 가옥이 옹기종기 모여 있는 아늑한 동네다.

마을을 한 바퀴 빙 돌아 유원지 입구로 나오는 길은 산책로로 손색이 없다. 이곳 가는골 일원은 생태보전림으로 지정된 곳이라 한다. 그래선지 저수지 주변을 살펴보면 계곡 주변에는 갈참나무와 졸참·떡갈·신갈나무 등 각종 참나무류와 때죽나무·산초나무·산벚나무·찔레나무, 그리고 동네 주변에도 아카시나무·고욤·비목·팽나무·갯버들·으름덩굴 등 나무천지다.

철마다 자주 찾아보는 동네다. 아기자기한 마을풍경과 각종 풀과 나무들의 꽃 향연이 펼쳐지는 곳이다. 마을 앞에 각종 나무들이 심어져 있는 밭 한 가운데 보랏빛 꽃을 화사하게 피운 꽃나무가 눈에 확 들어온다. 5월이면 잎보다 먼저 꽃부터 피우는 나무인데 지금은 녹색 이파리가 틈틈이 꽃 사이를 비집고 있다. 팥꽃나무다. 나지막하게 크는 나뭇가지에 은은한 자색(紫色)의 꽃송이를 다닥다닥 달고 봄을 연출하는 나무다. 팥꽃나무란 이름은 꽃이 피어날 때의 색깔이 팥알과 비슷하다하여 '팥 빛을 가진 꽃나무'란 뜻으로 붙여진 것이라 한다. 달리는 꽃이 피기 직전의 꽃망울이 팥 모양을 닮아서 그렇게 부른다 했다.

팥꽃나무는 바닷가 가까운 곳에서 주로 자라는 낙엽관목으로 키는 1미터 정도 자란다. 잎은 가늘고 길며 끝이 뾰족한 모양으로 마주 나지만 때로는 어긋나고 가장자리는 밋밋하다. 연한 자색의 꽃은 잎이 나오기 전인 3~5월경, 지난해에 만들어진 가지 끝에서 산형(傘形) 꽃차례로 풍성하게 핀다. 통꽃처럼 피는데, 끝이 4갈래로 갈라진다. 꽃 모양이 라일락과 유사하지만 향기가 없다. 열매는 7월경 둥글게 흰색으로 익는데 꽃의 수에 비해 결실률이 낮다고 한다.

서해 바닷가 쪽에 사는 사람들은 팥꽃나무를 조기꽃나무라고 부르기도 한다. 이른 봄에 팥꽃나무 꽃이 필 무렵이면 어김없이 조기가 떼를 지어 몰려들기 때문에 붙여진 별명이라고 한다. 제주 남쪽의 따뜻한 바다에서 겨울을 보낸 조기는 봄이 되면 산란을 위해 연평도 쪽으로 이동하는데, 그 시기가 팥꽃나무의 꽃 피는 시기와 맞아 떨어지는 것이라 한다.

한방에서는 이 팥꽃나무의 꽃봉오리[花蕾]를 약재로 사용한다. 봄에 꽃이 피기 전에 채취하여 말린 것을 완화(芫花)라 하여 약용한다. 강력한 사하(瀉下)작용, 소량에서는 이뇨 작용, 대량에서는 항이뇨 작용, 관상동맥의 확장 작용, 각종 세균을 억제하는 약리작용이 있다. 복막염·흉막염·급성신장염 등으로 배뇨(排尿)가 안 되면서 소변을 잘 보지 못하여 붓는 증상에 강력한 이뇨 작용을 한다. 특히 표피층에 수분 정체가 심하고 소화가 안 되면서 몸이 무거운 증상에 효험을 본다.

특히 이 약용식물은 독성(毒性)이 있어서 다른 약재와 배합되는 경우 중독반응을 보이는 등 위험하므로 반드시 의사의 처방에 따라야 한다. 이렇게 독성이 강하므로 민간에서 약재로 쓰는 것은 절대로 삼가해야 하는 식물이다. 옛날에는 낙태(落胎)약이 귀했기 때문에 원하지 않는 아기를 가졌을 때는 팥꽃나무 꽃을 낙태약으로 썼다고 한다.

푸짐한 꽃차례와 산뜻한 자색의 꽃모양은 시선을 끌고 아름다워 보이지만 향(香)이 없는 이면에는 독성이 있는 풀이다. 그것도 사람들의 편견이겠지만 하여튼 이른 봄철에 우리 곁에 다가와 황홀한 보랏빛 구경을 시켜주니 또한 정겨운 친구이기도 하다.

수년 전 함평(咸平)의 두산사(斗山祠)에 모셔져 있는 조부(祖父)의 향례(享禮)에 참석했다가 뜰 안에 피어 있던 이 나무를 한 그루 얻어왔다. 제례일이 음력 3월 13일이니 4월 중순은 지났으리라 짐작된다. 가느다란 가지를 감싸고 보랏빛 꽃이 촘촘히 달린 나무가 신기하여 이름을 물으니 주인도 모르는 나무였다. 한 뿌리를 얻어다가 집 마당에 심었지만 이름도 모른 채 마당에서 하염없이 꽃만 피우던 친구였다. 약초 공부를 하다가 본초학(本草學) 교재에서 마주쳐 비로소 이름을 알게 된 나무다.

바닷가에서 주로 자라는 식물이라고 하지만 우리 집 마당 한켠의 좁은 화분에서도 매년 꽃을 소복하게 피우면서 봄의 전령 역할을 하고 있다. 연약한 가지에 많은 봉오리를 달고 고운 자태로 눈길을 받으며 당당히 잘 지낸다. 추운 겨울에 내실로 옮기지 않아도 밖에서도 잘 버티는 생명력도 강한 식물이다. 먼 곳에서 우리 집으로 이주한 여러 식물 가운데 아주 건강하게 잘 자라는 나무다.

약초반원들과 철마다 이곳을 찾아 다채로운 색채도 즐기고 다양한 풀과 나무도 만난다. 또 그 풍경도 정겨운 가는골이다. 도심과 멀지 않은 곳에서 시골정취를 느끼며 아늑한 고향 같아서 종종 찾는 곳이다. 봄철 밭두렁에 앉아 나물을 다듬는 어르신 모습과 늦가을에 주차장 모서리에서 우려낸 감을 팔던 할머니 모습에서 어머니를 만난다. 오늘은 팥꽃나무 꽃과 이파리를 동시에 봤다. 금년도 세월이 좀 더 깊어진 것이다. 벌써 한여름이다.

패랭이 닮은 패랭이꽃

죽림정사 쪽으로 다니는 산행 길은 경사도 완만하고 숲길이라 자주 다니는 곳이다. 집 앞에서 버스를 타든 걸어서 가든 그리 멀지 않은 곳이다. 잠깐만의 아스팔트길을 지나면 흙길 옆으로 모과나무 · 상수리나무 · 오리나무 · 때죽나무 등 각종 크고 작은 나무들이 도열하여 그늘을 만들어 준다. 특히 여름에는 시원한 그늘에 앉아 쉴 수 있는 나무의자도 곳곳에 마련되어 있으니 참 좋은 쉼터이기도 하다. 좀 더 걸어서 용화사 아래로 내려오면 시내버스 길에 닿으니 부담도 없는 길이다.

등산의 초입(初入)인 이곳에서 정상을 가려면 가파른 능선을 올라야 한다. 그래도 이 길은 서서히 오를 수 있는 느린 경사여서 많은 사람들이 이용한다. 시내에서 멀지 않은 곳이라서 전망 좋은 곳에 전원주택을 지어서 사는 사람도 꽤나 있다. 지난 주말 오후에도 버스를 타고 와서 산책 겸하여 이곳을 찾았다.

천천히 걸으며 푸르름이 성한 주변을 돌아보니 마음이 편해진다. 이미 여름에 들어선 풀과 나무들은 검푸른 이파리가 싱싱해 보인다. 산에 나뭇잎이나 밭작물도 짙푸른 색으로 한여름이 깊어짐을 말해준다. 철조망 울타리에 붉은 인동덩굴이 길게 꽃을 피우며 뻗고 있다. 밭 가장자리 울타리에는 매실이 통통하게 윤기를 내고 있다. 옛 어른들은 옥수수 수염이 나올 때 매실을 따라고 했는데 요즘은 절기가 잘 안 맞는 것 같다. 이미 시장에는 매실이 나왔으니 말이다.

밭 둔덕의 우거진 잡풀 사이로 분홍색 패랭이꽃이 눈에 띈다. 초록 사이로 드러난 색깔이라 금방 눈에 들어온다. 그렇게 진한 색도 아닌 연분홍과 흰색의 패랭이꽃이 줄이어 피어 있다. 더 올라가니 술패랭이꽃이 군락을 이루고 있다. 아마도 꽃씨를 뿌려 번진 듯하다.

패랭이꽃은 석죽과에 속한 여러해살이풀로 전국 각지에서 자란다. 키는 30센티미터 정도, 잎은 가늘고 길며 마주 난다. 꽃은 진분홍색 및 다양한 색깔로 6~8월에 가지 끝에 하나씩 달려 핀다. 열매는 9월경 검게 원통형으로 삭과(蒴果)로 익는다. 꽃잎이 갈래갈래 술처럼 갈라진 패랭이꽃은 술패랭이라고 다르게 부른다.

옛날 서민들이 쓰던 모자(帽子)인 패랭이, 대나무를 가늘게 갈라서 엮어 만든 갓의 일종인 패랭이를 닮아서 패랭이꽃이라 불렀다고 한다. 요즘은 다양한 색깔로 여러 가지 개량종이 있는데,

생명력이 강해서 공원 등에 많이 심고 있다. 식물도감에 의하면 세계적으로 300여 종이 있다고 한다.

한의(韓醫) 자료에 의하면 패랭이꽃이나 술패랭이꽃의 지상부를 꽃이 피었을 때 채취하여 말린 것을 약재로 사용한다. 약리작용으로 이뇨성이 현저하며, 혈압을 내리고, 장관(腸管)의 유동작용을 촉진하며 각종 세균의 억제작용이 있다. 그 효능으로는 소변의 양이 적고 잘 나오지 않는 증상과 방광염 · 요도염 · 급성신우신염에 효과가 있다. 또한 어혈(瘀血)이 정체되어 일어나는 월경폐색과 종기(腫氣) 등에 활용한다.

민간요법으로 패랭이꽃의 뿌리 또는 풀 전체를 말린 것을 물에 달여서 차(茶)처럼 계속 마시면 이뇨(利尿)에 큰 도움이 되고 성병(性病)이나 늑막염 등에도 이용하였다.

패랭이꽃은 초등학교 시절 등하교 길에 흔했던 풀로 기억한다. 한여름 터덜터덜 먼지 길을 걷다보면 길옆 풀숲에 흙먼지를 쓴 채 서 있는 분홍 꽃이 기억난다. 패랭이꽃이었다. 하릴없이 꺾어서 장난치던 패랭이꽃의 추억이 반세기가 지났는데도 생생하다. 그 길은 아파트가 들어서서 꿈속에나 있을 법한 추억 속의 길이 되었다.

수년 전 천안의 친구네 시골집에서 며칠을 지낸 적이 있다. 전원생활을 하며 인생의 후반을 보내고자 정착한 곳에 인사차 들른 곳이다. 주택의 경사진 언덕 경사면을 술패랭이와 패랭이꽃을 심어 분홍빛 꽃밭을 만들어 눈길을 잡던 생각이 난다. 흔해서 잡초 같은 풀을 그렇게 가꾸니 아주 볼품이 있었다. 패랭이꽃은 초여름부터 꽃이 피기 시작해 한여름 내내 볼 수 있어 관상용으로도 적격이다.

이 패랭이꽃의 한방 생약이름은 구맥(瞿麥)이다. 한자의 뜻을 살펴보면 풀의 특징이 이름 속에 있어 재미있다. '놀랄 구(瞿)'에 '보리 맥(麥)'이다. 꽃의 형태를 살펴보면 꽃잎이 5장으로 갈라지는데 잎면 위에 동그랗게 원(圓)을 그린다. 5장이 서로 붙어 선(線)으로 정교한 동그라미를 만드는 것이다. 각자 다른 꽃잎이 퍼즐 맞추듯 둥근 원을 만드는 생태를 보면 참 신기하기도 하다. 이 꽃을 두 개 나란히 놓으면 새들이 눈을 동그랗게 뜨고 놀란 듯이 바라보는 모습이다. 또 열매를 보면 보리같이 생겨서 한자의 이름이 구맥(瞿麥)인 것이다. 하찮은 풀일지라도 선인들의 관찰력을 엿볼 수 있는 내용이다.

나무들 사이로 내려뵈는 대전천의 물이 반짝거린다. 물가에는 숨 막힐 듯한 아파트 군락이 눈에 들어온다. 뭔지 모르지만 답답하고 복잡한 세상 모습이다. 이곳 산자락은 숲 터널을 만들어 청량감이 그윽하다. 나뭇잎 냄새도, 알지 못할 꽃향기도 코를 자극한다. 그저 받아주는 숲이 이래서 좋다. 아무 거리낌 없이 언제고 이곳을 찾는다. 그 모든 걸 풀어놓을 수 있는 곳이다.

긴 다리를 세워 풀 사이를 비집고 올라온 패랭이꽃이 계속 눈가에 머문다. 진분홍 꽃이든 흰 꽃이든 독특한 꽃 모양이 인상적이다. 자기만의 표정이 확실한 풀이다. 놀란 모양의 두 눈을 동그랗게 뜨고 하늘을 쳐다보며 무엇을 기다리는지, 그 패랭이꽃이 어린 시절 집으로 가는 길을 그려준다.

꺾으면 피가 나는 피나물

대청댐을 거슬러 안내로 이르는 길은 멋진 드라이브 코스다. 처가(妻家)를 갈 때마다 지나는 길이다. 벚나무 가로수와 물이 어우러진 수려한 풍경은 눈을 뗄 수 없을 정도다. 사계절을 숱하게 지나치지만 싫지가 않다. 벚꽃이 흐드러졌던 지난봄의 모습은 푸른 이파리 속으로 자취를 감춘 채, 나무 그림자를 물가에 드리우고 바람에 일렁이고 있다. 긴 숲 터널 같은 이차선 도로는 자동차가 꼬리를 문다. 수 십 년을 오가지만 자연과의 조화가 묘한 것임을 새삼 느낀다.

아는 분의 소개로 절을 소개 받고 동행하여 가는 길이다. 여기도 이런 곳이 있나 싶을 정도로 구불구불 돌고돌아 좁은 산길을 오른다. 차 안에서도 경사를 느낄 만큼 경사가 급하다. 한참을 오르니 절 마당이 보인다. 깎아지른 듯한 산봉우리 밑에 축대를 쌓아 지은 작고 소박한 가산사(佳山寺)라는 절이다. 거슬러 올라가면 신라시대에 세워진 천년 고찰(古刹)이다. 임진왜란 때에 영규대사(靈圭大師)와 중봉 조헌(重峰 趙憲) 선생이 의병을 일으켜 훈련한 도장(道場)이라 하니, 절 이전에 우리 선조들의 얼이 서린 유적지이기도 한 곳이다.

참배를 하고 고샅고샅을 둘러보았다. 지느러미 엉겅퀴로 분류되는 풀이 가지를 많이 뻗어 꽃을 화려하게 피우고 있다. 산 속이라 갖가지 풀들이 절을 둘러가며 무성하다. 요사채 뒤편을 돌아보니 한 뼘 굵기 정도의 초피나무가 서 있다. 주변에 많은 초피나무가 이 나무에서 번식한 것이라 한다. 이렇게 굵은 초피나무는 처음 본다. 역시 오래된 절의 이미지를 곳곳에서 볼 수 있었다.

점심시간이 막 지나고 해가 산봉우리를 넘어서자 어둑한 느낌이 산사(山寺)에 전해온다. 산 속이라선지 해가 일찍 저문다. 대웅전 축대(築臺) 아래에 어슴푸레한 산그림자 속으로 노란 꽃이 확 들어온다. 이끼 낀 돌팍 앞에 낮게 깔린 풀 위로 샛노란 꽃이 해맑게 피어 있다. 피나물 꽃이다. 연한 줄기나 잎을 꺾으면 피[血] 같은 적황색의 즙이 나와 피나물이란 이름이 붙었다.

외관(外觀)상 여느 다른 풀과 딱히 별난 특징은 없다. 나지막한 키에 옹기종기 모여 군락을 이루는 풀이다. 푸른 이파리 위에 노란 꽃을 단 피나물. 봄에 숲속을 지나다 보면 노란색으로 무리지어 피는 풀. 줄기를 자르면 피 같은 붉은 진액이 나온다. 군무(群舞)를 하듯 무리지어 자라는 특성이 있다.

피나물은 양귀비과의 여러해살이풀이다. 키는 30센티미터 정도로 뿌리줄기에서 잎과 줄기가 나온다. 산간 지역의 그늘지고 습한 곳에서 잘 자란다. 옆으로 기는 굵은 뿌리줄기[根莖]를 가져 영양번식으로 무리를 지어 집단을 형성하며 뿌리는 길고 가늘다. 노란색의 꽃은 4~5월경에 줄기 끝의 잎겨드랑이에서 1~3개씩 핀다. 여름이 되면 잎과 줄기는 없어지고 열매는 긴 삭과(蒴果)다. 약간 독성이 있지만 봄나물로 식용하기도 한다.

비슷한 종류인 매미꽃이 있는데, 피나물을 노랑매미꽃이라고도 한다. 매미꽃도 피나물과 같이 줄기를 자르면 주황색의 진액이 나오는데 같은 약재로 사용된다.

한의 자료에 의하면 피나물은 뿌리를 약재로 쓴다. 생약 이름은 하청화근(荷靑花根)이라 하며 가을에 뿌리를 캐어 햇볕에 말려서 사용한다. 그 뿌리에는 여러 가지의 알칼로이드 성분이 있어 지혈(止血) · 지사(止瀉) · 진통 · 소염(消炎) 등의 약리작용이 있다. 효능은 풍습성 관절염, 타박상 등에 효과가 있다. 또한 심한 노동으로 인한 사지(四肢)가 무력하고 얼굴빛이 노랗고 수척한 데에 쓰인다.

민간에서는 어린 순을 주로 나물로 먹는데, 피나물은 독성이 있으므로 삶아서 물에 두 세 시간 우려낸 후 식용한다. 민간요법으로 종기나 습진 등에 생 뿌리를 찧어 상처에 붙이면 낫는다. 특히 풀 전체를 진통제로 사용하기도 했다.

경사진 지형이라 축대를 쌓아 절을 지은 곳이다. 사람 키보다 큰 축대가 꽤 높아 보인다. 비가 오면 낙숫물이 떨어질 자리에 피나물이 옹기종기 모여 시기적으로 늦은 꽃의 향연을 펼치고 있다. 가뭄으로 조금은 시들하지만 십자형의 노란 꽃 색은 빛을 발하는 듯하다. 직각의 축대 아래 아랑곳 하지 않고 제 자리를 잡아가는 피나물은 생명력이 강한 풀이다.

조국의 암울한 현실을 지켜내고자 고군분투했던 장소라 하니 주변에 보이는 나무와 산자락이 남달라 보인다. 당시는 첩첩산중이라 보안을 유지한 채 거사(擧事)를 하기에는 알맞은 장소였던 것 같다. 그래서 옛날 승병(僧兵)들이 훈련했던 장소가 지금도 그대로 있다고 주지스님은 옛이야기를 전해준다. 시간은 흘러갔지만 여전히 그 자리에는 사람들이 모여 옛날을 기억하고 있다. 지금 사람이 할 수 있는 유일한 방법은 단지 그것뿐일 것이다.

작은 정자(亭子)에서 스님과 차(茶)를 나누며 역사이야기를 듣자니 시간가는 줄 모른다. 해박한 우리의 상고사(上古史)며 일상에 배어 있는 문화(文化)이야기도 흥미롭다. 땅 그림자가 없어지며 마당이 어둑어둑해진다. 절 마당 옆에 높이를 헤아릴 수 없는 느티나무가 하늘과의 경계선에 나타난다. 굵기나 크기로 봐도 영규대사의 시절로 올라갈 정도는 되지 싶다. 우거진 나뭇잎 옆으로 말라 죽은듯한 가지가 하늘을 찌른다. 죽은 게 아니고 나라에 괴변(怪變)이 있으면 나중에 잎이 자라는 특이한 징조란다. 나무 밑동에 귀[耳] 모양의 깊이 패인 모습은 신비함마저 들게 한다. 온 세상의 이야기를 듣는 부처님 귀는 아닐까 생각이 든다.

절에서 저녁을 먹고 출발하니 어둡다. 마당에 세워진 탑에 불이 들어오며 피나물 꽃이 반사된다. 고즈넉한 산사(山寺)의 지킴이로 언제고 그 자리를 지키라고 당부해본다. 돌아가는 길의 고개를 넘으며 숲에서 뿜어나는 나무와 풀 향기에 다시 한 번 감탄했다. 논의 개구리 울음소리가 그 정취를 더해 준다.

호랑이 발톱 호랑가시나무

딸아이의 손을 잡고 불과 수 미터 걷는 걸음이 꽤나 먼 느낌이다. 밝고 아름다운 스포트라이트를 받으며 고운 면사포를 쓴 딸이 천사 같다. 좋은 날이지만 이젠 제 짝을 찾아간다니 시원하기도 하고 섭섭하기도 하다. 짧은 웨딩마치에 맞춰 걸은 사이에 아이를 부등켜안고 키우던 지난날이 주마등(走馬燈) 같다. 밝고 명랑하던 딸이었는데……, 그렇게 행복하게 잘 살아가길 빌었다.

한바탕 전쟁을 치른 것 같은 몇 날이었다. 친지들도 손님들도 떠난 자리가 휑하니 허전하다. 제 것 다 챙겨 훌쩍 떠나고 둥지에 남은 어미의 심정을 누가 헤아리겠는가. 막내아들 장가보내고 서운해 하시던 지난날 어머님 모습이 새삼스럽게 떠오른다. 세상에 나와 자식을 키우고 제 짝을 만나면 떠나보내고, 조상들이 걸어온 길을 나도 걸어갈 뿐이다.

쓸쓸한 마음을 달래볼 겸 아내에게 멀리 캐나다에서 온 처제 내외와 며칠 간 여행을 제안했다. 간만에 우리나라의 아기자기한 산천도 둘러보고 사는 모습도 실컷 보고 가라는 마음에서다. 외국에서 뿌리내리고 사느라 휴식도 제대로 못했을 것이니 겸사겸사다.

4백 년 전에 머물러 있는 듯한 광한루(廣寒樓)의 가을밤에 춘향전을 관람하고, 지리산 자락에서 하룻밤을 보냈다. 다시 곰소항 쪽으로 젓갈과 소금을 살 겸 국도를 따라 천천히 방향을 잡았다. 지나는 산과 들이 정겹다. 산모롱이에 납작 엎드린 집들이 초가집이었으면 싶다. 사람 사는 게 별 것 있느냐는 유행가 가사가 명언 같다.

고창읍성을 들렀다. 읍성(邑城) 바로 앞에서 은은하게 우리 가락이 흘러나와 눈길을 돌리니 바로 신재효(申在孝) 선생 고택이다. 우리의 판소리를 계승 발전시키는데 공헌을 하신 분이다. 대문을 들어서는데 호랑가시나무가 노란 열매를 달고 양옆에 서 있다. 시월 초순이니 이제 막 익어가는 중이다. 이파리에 독특하게 날카로운 가시가 있는데, '호랑이가 등이 가려울 때 이 잎에 대고 긁는다'하여 또는 잎의 가시가 '호랑이 발톱을 닮았다'하여 호랑가시나무라고 했다는 것이다.

호랑가시나무는 감탕나무과에 속하는 상록관목으로 우리나라 남부지방에서 주로 자란다. 키는 1~3미터 정도로 가지가 무성하게 나온다. 잎은 어긋나며 타원모양의 육각형이다. 가장자리에는 날카로운 가시가 있고, 잎질은 가죽질로 표면은 광택이 난다. 암수딴그루인데 꽃은 4~5월 사이에 잎겨드랑이에서 산형(傘形) 꽃차례로 하얗게 무리지어 핀다. 열매는 구형(球形)으로 10월경 붉은색으로 익는다. 생긴 특성 때문에 호랑이발톱나무, 묘아자(猫兒刺) 또는 구골목(枸骨木)으로도 부른다. 빨간 열매는 이듬해까지도 달려 있어 정원이나 공원 등에 울타리용으로도 많이 심으며, 성탄절에는 장식용으로도 사용한다.

한의 자료에 의하면 잎과 열매, 뿌리를 모두 보익(補益)약으로 이용하는 유익한 나무다. 이파리는 카페인·사포닌·탄닌 등이 함유되어 있는데, 폐결핵으로 인한 해수(咳嗽)에 차(茶)로 마시면 효과가 있다. 또 지나친 노동으로 인한 기력 손실, 허리와 무릎이 연약하여 생기는 통증과 마비에 효능이 있다. 열매는 기가 허약해서 일어나는 발열 증상에 쓰이고, 정력을 높여준다. 뿌리도 많은 일을 해서 일어나는 요통(腰痛)·관절염·두통 등에 응용된다.

민간요법으로는 이 나무의 효능이 사람들에게 그리 잘 알려지지 않았다고 한다. 하지만 뼈에 탁월한 효과가 있고, 신경통이나 관절염에 좋다하여 나무 전체를 물에 넣어 달여 마셨다. 또 빨갛게 익은 열매는 겨울철에 따서 술에 담가 두었다가 마시면 근육과 뼈마디가 쑤시며, 온몸이 노곤하고 피로를 쉽게 느끼는 증세에 효과가 있어 이용했다.

호랑가시나무는 육각형의 잎 끝에는 날카로운 가시가 있다. 자연적인 교잡종으로 잎이 다른 여러 종류가 있기도 하다. 이 잎을 함부로 만졌다가는 따끔한 일침을 당한다. 옛사람들은 이 나뭇가지를 꺾어서 처마 끝에 매달면 잡귀가 물러간다는 풍속이 있었다. 가시가 성한 엄나무 가지를 대문에 매달아 잡신(雜神)을 쫓던 우리 선조들의 토속신앙과 같은 맥락일 것이다.

한편 가을엔 빨간 열매가 달려 눈을 즐겁게 해주기도 한다. 한겨울 눈 속에 묻혀 매달린 빨간 열매는 계절을 잊게 하는 묘한 나무다. 지난겨울 아들 내외와 전주(全州) 한옥마을 나들이에 전동성당을 들렀었다. 울타리의 흰 눈 속에 파묻힌 파란 잎과 빨간 열매의 조화가 신기했던 기억이 있다.

전북 부안에는 천연기념물로 지정된 호랑가시나무 군락이 있다고 한다. 생태학계에선 이 나무가 추위에 약해 이 지역이 이 나무의 생장 한계선으로 본다. 하지만 지금은 우리 지역에서도 잘 자라는 나무다. 이 나무를 군락으로 만들어 조경수로 또 절화재(絶火材)로도 이용했다 하니 선조들의 지혜가 돋보인다.

은은한 노랫가락이 계속 들려 대청마루를 보니 댕기머리 아이들이 빙 둘러앉아 창을 배우고 있다. 물론 인형(人形)이다. 불과 이백여 년 전이지만 넉넉한 경제력으로 우리의 소리를 지키려 이렇게 후원하고 이론적 지도자로서도 활동을 했다니 신재효(申在孝) 선생의 공(功)에 머리가 숙여진다. 한 세상 왔다 가면서 두루 좋은 일을 하고 가기가 수월치 않은데 대단한 이 고장의 어른이다.

해가 뉘엿뉘엿 늦은 오후로 넘어간다. 돌아가고자 서둘러 마당을 돌아 나오는데 담장 위에 이엉이 가지런하다. 초가집 지붕에 걸맞게 깔끔하다. 갑자기 어린 날 고향집 생각이 퍼뜩 난다. 부엌에서 어머님이 흰 수건을 쓰고 나오실 것 같다. 굴뚝에서 나오는 흰 연기와 청솔가지 냄새가 그립다.

알록달록 얼룩무늬 호장근

상소동 삼림욕장의 현수막이 선명하게 다가온다. 먼 산엔 뿌연 안개가 자욱하고 산 능선의 실루엣이 희미하다. 왠지 심란한 느낌이 들지만 등산하기는 십상이다. 산 속으로 들어가니 안개는 는개비가 되어 안경을 흐린다. 안경에 윈도우브러시라도 달렸으면 싶다. 소원과 집념의 돌탑이 다양한 모습으로 눈길을 끈다. 특이한 형상의 솟대가 갈 방향을 일러주듯 머리를 향하고 서 있다.

나무다리를 건너면서 내려뵈는 도랑물은 비가 많이 왔는데도 빈약하기 그지없다. 시작부터 가파르니 숨은 헐떡거리고 안경의 습기는 더욱 짙어진다. 그래도 습기에 젖은 풀과 나무들이 생생한 표정으로 발길을 맞는다. 반시간이면 정상에 오르는 친근한 산이다. 날씨가 좋으면 솔향기와 풀내음이 솔솔 나는 오솔길 같은 등산로다.

능선의 갈림길에서 식장산 방향으로 발길을 돌린다. 머들령을 지나며 다행히 안개가 걷히고 주변 풍경이 또렷하게 보인다. 능선의 양 옆은 가파르고 경사가 급하다. 그곳에 가까스로 서 있는 소나무의 향내가 은근하고 바닥에 펼친 솔잎은 환영(歡迎)의 붉은 카펫 같다.

중간의 샛길을 찾아 하산 길로 들어서며 왠지 음산한 느낌이 든다. 골령골 근처인 것 같다. 수 년 전 한국 전쟁 기간에 민간인 학살지역으로 공개된 유해(遺骸) 발굴 현장이기도 하다. 엎어지고 구부린 자세로 발견된 유골의 모습이 눈에 선하다. 당시 처참했던 원혼들이 아직도 그곳에 있어서인가. 깊은 계곡을 빠져나오며 내내 스산했던 마음이 떠나질 않았다.

지금은 냇물 옆으로 도로가 나 있지만 그전에는 도랑뿐이었던 기억이다. 주변의 초등학교를 졸업한 나는 어렸을 적 풀씨 따던 기억으로 이곳이 생생하다. 도랑 갓길에 얼룩얼룩한 무늬의 호장근(虎杖根)이 군락을 지어 서 있다. 넓고 풍성한 잎을 가진 큰 키가 인상적이다. 나무같이 줄기를 높이 올려 보이며 윗부분에 큰 이파리를 이고 섰다. 줄기가 붉고 얼룩진 모습이 언뜻 보면 기이하기도 하다. 줄기의 무늬는 피가 흘러내리는 모습 같기도 하다. 불그스레한 줄기는 학살된 선인들의 한 서린 모습이 아닐까 엉뚱한 생각도 해 본다. 대궁을 꺾어보니 속이 비어 있다. 이 또한 억지로 생을 마감한 그들의 아픈 가슴 속은 아닐까.

이 풀은 재미있는 옛날이야기가 담겨있다고도 한다. 옛날에 늙은 호랑이가 죽을 날만 기다리다가 막대기처럼 생긴 줄기를 지팡이 삼아 전국을 구경하면서 오래오래 살았다는 이야기가 있는데, 그 줄기에 호랑이 무늬의 반점이 호피(虎皮)를 닮았다하여 호장근이라고 불리게 됐다고 한다.

호장근은 마디풀과의 여러해살이풀로 냇가나 산기슭에 군락을 지어 자란다. 봄철이면 지팡이를 꽂아 놓은 것처럼 새순이 나온다. 줄기는 곧게 자라고 속이 비었으며 붉은 자줏빛 반점이 있고, 키는 1미터 정도 큰다. 꽃은 6~8월경 암꽃과 수꽃이 각각 다른 그루에 핀다. 어린잎은 나물로 먹는데, 신맛이 난다. 밀원식물과 관상용으로도 가치가 있으며 범싱아 · 감제풀 · 까치수염으로도 불린다.

한방에서는 봄이나 가을에 뿌리를 채취하여 말린 것을 약재로 쓴다. 혈액순환이 좋아지며 어혈(瘀血)을 없애고, 진통 · 소염 · 해열에도 효능이 있다. 또한 변비에도 응용되며 담석증(膽石症)과 요도결석(尿道結石)에도 사용되는 약재다. 방광 부위가 터질 듯 아프고 소변 볼 때마다 요도에 화끈화끈 열감을 느끼는 배뇨통(排尿痛)이 심해지는 방광염에도 좋다. 좋은 건위제이므로 소화불량과 위장질환에 응용될 수 있고 월경불순마저 없앨 수 있다고 한다. 특히 소변보기가 어렵고, 통증이 심할 때, 또는 출혈이 있을 때 아주 좋다고 했다.

민간요법에서는 대하(帶下)에 단방(單方)으로 활용했고, 잎 · 뿌리 · 줄기를 수시로 채취하여 류머티즘이나 뱀에 물렸을 때 이용했다. 자료에 의하면 호장근의 추출물에서 주름과 미백(美白)을 동시에 개선하는 물질을 개발했다고 하는데, 이 식물은 약재(藥

材)와 기능성 화장품 재료로도 이용될 수 있는 경제적인 식물인 셈이다.

오후에는 짙은 안개가 하늘로 올라가 날씨가 한결 쾌청해졌다. 계곡이 깊은 골짜기는 해가 머무는 시간이 짧아선지 그늘이 져서 시원하다. 졸졸거리는 냇가를 따라 구불구불 나 있는 아스팔트 도로를 걷는다. 타박타박 걷자니 옛 생각이 절로 난다. 초등학교 어린 것들을 사방공사에 쓸 온갖 풀 씨앗을 따오라고 내몰았던 시절이 있었다. 가파른 산을 오르내리며 책보자기에 풀씨를 훑어 담던 시절이 아득하다. 어릴 적엔 이곳이 그런 비극의 장소인 줄 당연히 몰랐었다. 오랜만에 본 호장근의 붉은 반점은 고인(故人)들의 한(恨)이 아닐까? 문득 그런 생각이 들었다.

빨강 노랑 염료 홍화(잇꽃)

겨울비가 온 종일 추적거린다. 홈통을 타고 졸졸거리는 빗물소리가 이른 아침부터 들리더니 오후 내내 쉼 없이 내린다. 거실의 난(蘭)과 관엽식물들을 밖으로 내놓고 비를 맞게 했다. 이파리의 먼지 제거와 목마름이 한 번에 해결된 것이다. 주인이 게으른 탓에 물도 제 때 못 주고 방치하다가 이때다 싶어 내놓은 것이다. 메말랐던 해당화와 치자, 군자란이 환하게 웃는 모습이다. 아마도 이 비가 눈이었다면 엄청난 폭설이었을 게다. 이 화초들에게는 눈보다 비가 훨씬 반가웠을 것이다.

한가한 평일이다. 그래서 처가(妻家)를 가기로 했다. 비가 오고 날씨도 끄무룩하니 드라이브도 할 겸하여 나선 것이다. 팔순(八旬)을 바라보는 장인(丈人)과 점심식사도 하고 집안도 둘러볼 겸이다. 출발을 하니 마음은 한결 가볍다. 차창으로 지나는 을씨년스러운 겨울 풍경은 회색이다. 잦아든 풀과 비에 젖은 낙엽들이 초라하기 그지없다. 그런데 억새꽃은 길옆에서 여전히 우리를 반긴다. 참으로 질긴 생명이다.

저렇게 변화무쌍한 계절의 흐름이 마치 내 삶의 여로(旅路)와 같다는 생각이 든다. 세상에 변하지 않는 것이 없고 영원한 것은 없다지만, 정말 한결같을 것 같던 내 모습도 이젠 저 낙엽과 다를 바가 없지 싶다. 마음은 아직 청춘인데, 이제는 이순(耳順)을 넘었으니 나도 노년층에 합류한 것이다.

시골 풍경은 여전하다. 시간이 느리게 가는 것 같다. 주위의 모습들은 새로울 것도 없다. 작은 나무들이 훌쩍 큰 것뿐이다. 골목길 담벼락에 그린 그림이 이채롭다. 우리의 옛 생활을 그린 벽화 덕분에 스산한 길목이 그나마 환하다. 골목 그림을 감상하며 차를 모는데 밭 가장자리에 퇴색한 잇꽃이 덩그러니 서 있다. 수확기도 한참이 지났다. 씨방은 꺼뭇꺼뭇하고 줄기와 잎은 허옇게 변해 힘겹게 버티고 있다. 매년 이곳엔 잇꽃을 두세 고랑 심었던 밭이다. 아마도 수확기에 손길이 안 닿아 팽개쳐진 잇꽃 같다.

잇꽃은 국화과의 한해살이풀로 이집트 근처가 원산지인데, 키는 1미터 정도 자라며 줄기 끝에서 가지를 친다. 잎은 주걱 모양으로 마주나며 가장자리에 거칠고 날카로운 가시가 있어 얼핏 보면 엉겅퀴와 비슷하다. 꽃은 7~8월 가지 끝에 1개씩 달리고 가시가 있는 꽃받침에 싸여 있는데 수확할 때에 그 가시가 큰 방해꾼이다. 꽃 색깔은 선황색이고, 며칠 지나면 오렌지색으로 변한 후, 다시 2~3일 지나면 선홍색이 된다. 그래서 잇꽃을 홍화(紅花)라고도 하며, 필 때부터 독특한 향기가 있다. 열매는 꽃이 진 후 팥알 크기만 하게 익는다.

잇꽃이란 이름은 몸에 좋고 이롭다고 하여 '이로울 이(利)'를 써서 불렸다고 한다. 밭 가장자리에서 만난 잇꽃은 하얗게 퇴색하여 볼품이 없지만 가시가 성성하여 조심해서 만져야 한다. 외형은 그래도 그 쓰임새는 다양하고 유용하다. 지금이야 이렇게 재배하는 모습이 드물게 보이지만 우리의 선조에겐 요긴했던 식물이다. 그나마 이렇게 몇 이랑에 심어 명맥을 유지하는 밭주인이 고맙다는 생각도 든다.

잇꽃은 홍화(紅花)라는 이름으로 한방에서 약재로 쓴다. 꽃잎이 황색에서 홍색으로 변할 때 꽃을 따서 말린 것이다. 자궁의 수축률을 높이며 심장의 흥분을 진정시키고 혈압을 내리는 약리작용이 있다. 그래서 혈액순환으로 생리통을 없애고, 산후(産後)의 어혈로 인한 복통 등에 효과가 있다. 특히 각종 부인과(婦人科) 질환에 널리 응용된다. 또한 골절상(骨折傷)에 씨앗을 볶아 가루로 만들어 공복(空腹)에 먹으면 낫는다.

민간요법으로는 예로부터 골절과 골다공증(骨多孔症), 생리통에 효험이 있어 많이 썼다고 한다. 지금도 많은 사람들이 민간요법으로 섭취하고 있는 약초 중 하나다. 특히 이 꽃이 뼈에 좋은 이유는 뼈의 주성분인 칼슘과 식물성 백금(白金)이 다른 약초에 비해 많이 들어 있기 때문이라고 한다. 칼슘이 뼈가 되도록 해주는 것이 바로 백금 성분인데, 백금 성분이 잇꽃 씨앗에 많이 함유되어 있는 것이다. 한편 씨에서 짠 기름으로 나물을 무쳐 먹고 식용유로 이용했다. 근래에는 잇꽃의 무해무독(無害無毒)함을 이용하여 화장품, 옷감 염색, 과자나 청량음료의 착색용으로도 이용한다고 한다.

조선(朝鮮)시대 후기에 지어진 《물보(物譜)》라는 어휘자료집에 잇꽃을 뜻하는 홍람(紅藍)이 있는데, 이미 오래 전부터 재배한 식물임을 알 수 있다. 이 꽃에는 물에 녹지 않는 적색소(赤色素)와 물에 잘 녹는 황색소(黃色素)가 있어서 적색 염료(染料)와 식품염색에 사용되었다. 옛날에는 꽃을 물에 담가 황색소를 제거한 후 붉은 색소를 이용하여 연지(臙脂)에 썼다고 한다.

연지는 여자가 화장할 때 입술이나 뺨에 바르거나 찍는 붉은 빛깔의 염료이다. 우리나라 전통 결혼식 때에 새색시의 얼굴에 연지나 곤지를 찍는 풍습이 있는데, 이것은 붉은색이 악귀를 물리친다는 주술적(呪術的)인 의미가 부여되어 있는 화장술이었다. 선조들은 향기롭고 고운 꽃을 이렇게 의미 있고 소중하게 이용했던 것이다.

해마다 이 밭은 잇꽃을 심어 농사는 짓는 땅이다. 가장자리에 두어 고랑 심을 뿐 다른 농작물이 대부분 자리를 차지한다. 매년 가을이면 만나는데 올해는 잦아든 모습을 우연히 봤다. 필요하니 주인이 심었겠지마는 그리 흔하게 보는 것은 아닌 약용식물이다. 은은한 노랑색이 붉게 물들 때면 신비감도 주던 풀이다. 뜻하지 않게 눈에 띈 잇꽃이 늦었지만 반갑다.

화살 닮은 화살나무

약용식물을 수강하는 분들과 매월 한두 번은 한밭수목원을 찾는다. 시내 복판에 이렇게 풀과 나무들이 우거지고 다양한 식물들을 만날 수 있는 곳이 있어 자랑스럽다. 시민들에게 휴식공간인 동시에 학습의 장(場)으로서도 부족함이 없는 장소다. 남녀노소 불문하고 어느 때 누구든지 와서 관람하고 즐기며 쉴 수 있는 공간이다.

평생 떠나본 적이 없는 내 고향 대전, 대도시치곤 풍치(風致)가 약한 도시였는데 이젠 남부럽지 않은 명물이 생긴 셈이다. 한 세대 정도만 잘 보존하여 유지해도 외국에서나 보던 울창한 숲으로 거듭날 수 있을 것이다.

특히 동원(東苑)의 가장자리에는 약용식물과 우리 고유의 야생화가 잘 가꾸어져 눈길을 끈다. 외래종이 아닌 토종의 약용식물을 직접 보고 생김새를 관찰할 수 있어 훌륭한 교육 장소다. 우리 주변에서 흔하게 볼 수 있으며 또한 중요한 약재로도 이용되는 식물들이 있어 약초(藥草)를 배우는 우리에겐 백문이 불여일견(百聞不如一見)임을 체험하는 곳이기도 하다.

아직은 식재(植栽)된 지가 얼마 안 되어 자리를 잡아가는 과정이지만 서로 비슷하기도 하고 각기 특성 있는 식물들을 비교, 관찰하며 공부하는 재미가 쏠쏠하다. 바로 성인(成人)들이 평생교육 학습과정에서 얻을 수 있는 자랑이기도 하다.

약용식물의 재배 코스를 걷다보면 길옆에 화살나무를 심은 군락지가 있다. 가을을 맞이하며 붉은 빛이 감도는 이파리와 다닥다닥 붙은 열매가 인상적이다. 겉모습은 별로 특색이 없어 사람들의 눈에 잘 띄지 않는 평범한 나무다. 다만 줄기에 십자형(十字形)의 화살 날개모양이 있어 눈길을 끈다.

화살나무는 노박덩굴과의 낙엽관목(灌木)으로 키는 3미터 정도 자란다. 줄기에 붙은 코르크질의 날개가 화살의 깃처럼 생겼다하여 화살나무라고 불린다. 타원형의 이파리는 마주나며 꽃은 5월경 잎겨드랑이에서 연한 녹색으로 무리 지어 핀다. 열매는 10월경 껍질이 터지면서 빨간색의 속 씨앗이 맺힌다. 그 열매는 새들이 먹는다. 그래서인지 요즘엔 정원이나 공원에서 흔하게 볼 수 있다. 특히 가을에 핏빛처럼 붉은 단풍이 아름답고, 빨간 열매는 12월까지도 줄기에 달려 있어 하얀 눈과 함께 색다른 볼거리를 제공해 주는 나무다. 봄철에는 어린잎을 홑잎나물이라 하여 살짝 데쳐 무침으로 먹었다.

화살나무의 둥근 줄기를 단면으로 보면 정확하게 십자형으로 날개가 달려 있다. 줄기에 수직으로 붙어있는 코르크질의 날개다. 이 날개를 한방에서는 귀전우(鬼箭羽)라는 생약명으로 약재로 사용한다. 한자(漢字) 이름에서 나무의 생김새와 약성의 특징을 알 수 있듯이 약효(藥效)가 신통하게 잘 나타나는 약재라는 의미일 것이다.

한의 자료에 의하면 진정 작용, 혈압 강하(降下), 혈당(血糖) 강하, 관상동맥 혈류량을 증가시키는 약리작용이 있다. 효능으로 타박상이나 생리불순, 산후(産後)의 어혈 동통(疼痛)에 잘 듣는다. 민간요법으로는 항암(抗癌) 치료제로 널리 이용하였다. 특히 신체 부분에 가시가 박혔을 때 이 나무의 날개를 태운 재와 밥풀을 함께 짓이겨 가시가 박힌 곳에 바르면 쉽게 빠진다고 했다.

특히 최근의 모(某) 대학교 연구 결과에 의하면 화살나무 추출물에 의한 인슐린 분비촉진활성화로 당뇨성 질환의 예방과 치료에 유용하게 사용할 수 있다니 우리에게 아주 유익한 나무다.

단독주택에 오래 살다보니 마당에 있는 나무의 모습으로 계절을 실감한다. 오래 전 살던 집에 화살나무가 대문 옆에 자리를 잡고 있었다. 출근길에나 마주치는 그저 그런 나무로 알고 있었는데, 어머님이 화살나무 어린잎을 반찬으로 식탁에 올리고서 그 실체를 알았던 나무다. 예전에 홑잎나물이라 하여 봄철에 나물로 흔히 먹었다고 하셨다. 마당 한 쪽에 가을에 불타듯 곱던 단풍잎은 꽤나 고왔다. 낙엽이 다 진 후 대롱거리며 달린 빨간 열매도 퍽 인상적이었다. 이렇게 화살나무를 보면 어머님 생전의 옛집 생각이 떠오르곤 한다.

자주 찾는 동원의 가장자리에 화살나무를 많이 심어 군락을 형성한 듯하다. 가을이 깊어지니 나뭇잎이 불그스레 물들어간다. 열매가 다닥다닥 매달려 속 모습을 보일 시간을 기다리고 있다. 나뭇가지에 수직으로 이런 날개를 단 화살나무도 참 특이하다.

아침저녁으로 옷깃을 세우고 추위를 느낄 정도로 가을이 깊었다. 아침이면 화단의 작은 대나무 잎에 이슬이 송골송골 맺혀 있다. 더 추워지면 이슬이 서리로 변할 것이다. 담벼락에 기댄 석류(石榴)가 아침저녁으로 다르게 붉어진다. 석류나무 잎도 누렇게 변하고 감나무 이파리도 퇴색해간다. 그렇게 올 한 해도 저문다. 한밭수목원의 화살나무 이파리도 점점 더 고운 빛으로 물들어간다. 올해는 그 어느 해보다 더 붉게 타오르길 기대해 본다.

장원급제 회화나무

오늘은 경칩(驚蟄)이다. 우수(雨水)와 춘분(春分) 사이에 있는 이십사절기의 하나다. 얼었던 대동강물이 녹고 동면하던 벌레들도 땅속에서 나오고, 개구리가 겨울잠에서 깨어날 정도로 날씨가 풀린다는 날이다. 선조들의 경칩날은 농기구를 정비하는 등 본격적인 농사를 준비하는 절기였다. 또 이날에 흙일을 하면 탈이 없다고 하여 벽을 바르거나 담을 쌓기도 했다. 만물이 약동하는 시기로 움츠렸던 겨울을 끝내고 다시 생명이 시작되는 절기이다.

영동지방에는 폭설이 내린다는 뉴스였는데, 여기는 아침에 빗방울이 들더니 온종일 추적거린다. 봄비에 씻기는 거리도, 마음도 깨끗해지는 기분이다. 한동안 비가 없었으니 가물었을 게다. 종일 내린 비가 땅속 깊이 스며들어 새싹 돋기가 훨씬 수월할 것이다. 봄이 오는 길목에 적절한 단비다.

문화로(文化路)를 지나는 차창 밖으로 가로수 회화나무가 스쳐 지난다. 비에 젖은 회색빛의 나무색이 시커멓게 변해 도열한 모습이 눈길을 끈다. 연한 녹색이었던 꼬투리 모양의 열매가 변색되어 앙상하게 매달려 있다. 이렇게 좋은 수종(樹種)을 가로수로 심어 가깝게 볼 수 있으니 좋다. 회화나무는 여름에 연한 녹색의 꽃이 마치 은하수가 나무를 덮은 듯한 모습이며, 콩꼬투리 같은 열매가 대롱대며 달리는 재미있는 나무다.

회화나무는 콩과에 속하는 낙엽교목으로 키는 25미터 정도 자란다. 작은 가지를 자르면 냄새가 난다. 잎은 깃털처럼 생긴 겹잎으로 어긋나는데 난형(卵形)이며 뒷면은 흰빛이 돌고 짧은 털이 있다. 황백색의 꽃은 8월에 꼭대기에서 원추(圓錐)꽃차례를 이루며 핀다. 염주와 같이 생긴 열매는 꼬투리로 10월에 익으며 잘룩하게 아래로 달리며 약간 육질이다. 한방에서는 이 열매를 약재로 사용한다.

열매에는 인체(人體)에 이로운 플라보노이드 · 사포닌 · 루틴 · 포도당 등의 성분이 함유되어 있는데, 이것을 겨울에 채취하여 건조한 것을 괴각(槐角)이라 하여 약용한다. 또한 꽃을 괴화(槐花), 꽃봉오리를 괴미(槐米)라 하고, 서로 효능이 비슷하여 동일한 약재로 쓴다. 이 약재는 혈변(血便) · 혈뇨(血尿) · 치질 · 위 · 십이지장궤양 출혈 등에 지혈(止血)의 치료약으로 사용된다. 특히 이 열매에 있는 루틴(routin) 성분은 모세혈관의 투과성 작용으로 혈압을 내리게 하고 고지혈증의 함량을 내림으로써 고혈압과 동맥경화증 예방에 현저한 반응을 일으킨다고 한다. 민간요법으로 치질이나 젖멍울을 치료한다. 장복(長服)하면 눈이 밝아지고 기운이 나며 머리카락이 희어지지 않는다고 한다.

회화나무는 옛날부터 우리 주변에서 자라는 아주 유용한 나무이며, 이 나무를 마당에 심으면 그 집안에서 큰 학자나 인물이 난다고하여 학자목(學者木)이라 부르기도 했다. 이같이 선조들은 회화나무를 길상목(吉祥木)으로 여겨 집안에 심으면 가문이 번창한다고 믿었다. 궁궐이나 서원(書院)에 오래된 회화나무가 많은 것은 이 나무가 '귀신을 쫓는다'고 믿어 심었기 때문이며, 다르게는 사대(事大)사상에서 기인한 것이라고도 한다.

우리의 전통 풍습으로 집에서 악귀나 잡신을 쫓기 위해 야릇한 글자를 붉은 글씨로 그려 붙이는 부적(符籍)을 괴황지(槐黃紙)라 하는데, 이 종이를 회화나무 열매로 만들었다. 회화나무 열매를 달여서 우려낸 물로 창호지에 물들여 만든다. 일반종이와 달리 이 괴황지에 글을 쓰면 번지지가 않는다고 한다. 조상들은 아마도 악귀를 몰아내는 회화나무의 신통력을 이 종이에 담아 염력(念力)을 소원했던 것 같다.

강릉지방은 폭설로 통행에 지장을 줄 정도라고 뉴스시간마다 나온다. 하지만 이곳에 오는 비는 오히려 포근한 날씨에 봄을 재촉하는 단비다. 바싹 마른 땅위에 촉촉이 내리는 가랑비가 철을 아는 하늘의 조화인 듯하다. 아직 바람 끝이 매섭지만 봄기운은 온몸에 느껴진다. 비가 그치면 며칠 후 나뭇가지에 춘색이 돌 것이다. 이런 계절이 있어 사는 보람을 느낀다. 가로수의 시커먼 회화나무도 왠지 정겹다.

찾아보기

【ㄴ】

【ㄷ】

【ㅅ】

【ㅍ】

【ㅎ】